教师职业素养与发展规划

新时期教师的职业修养

孔德生 张玉杰◎编著

XINSHIQIJIAOSHIDE
ZHIYEXIUYANG

吉林文史出版社

图书在版编目（CIP）数据

新时期教师的职业修养／孔德生，张玉杰
编著．——长春：吉林文史出版社，2012．6（2021.6重印）
（教师职业素养与发展规划）
ISBN 978－7－5472－1082－6

Ⅰ．①新… Ⅱ．①孔… ②张… Ⅲ．①中小学－教师
－职业道德 Ⅳ．①G635.16

中国版本图书馆 CIP 数据核字（2012）第 134408 号

教师职业素养与发展规划

新时期教师的职业修养

XINSHIQIJIAOSHIDEZHIYEXIUYANG

编著/孔德生　张玉杰
责任编辑/高冰若
封面设计/小徐书装
出版发行/吉林文史出版社
地址/长春市福祉大路5788号
邮编/130118
网址/www.jlws.com.cn
印刷/三河市燕春印务有限公司
开本/710mm×1000mm　1/16
印张/14　字数/152 千字
版次/2012 年 12 月第 1 版　2021 年 6 月第 3 次印刷
书号/ISBN 978－7－5472－1082－6
定价/39.80 元

前　言

　　我们从孩子身上可以看到家长的影子,而从学生的身上则可以看到教师的影子。可见,教师的德行对学生的影响是多么重要。乌申斯基说:"教师个人的范例,对于学生的心灵,是任何东西都不可代替的、最有用的阳光。"因为教师面对的是学生、是祖国的未来和希望,承担的是培养和教育学生,使之成为德才兼备的有用之材的历史使命。

　　古人云:"亲其师,信其道"。教师的一言一行、一举一动,都被学生像摄像机、录音机、计算机一样看在眼里、印在心中,从而对学生的成长发展产生重大影响。要点燃别人,首先自身要具备火种的功效。"教师最大的力量就在于他们自身树立的榜样"。所以,作为一名教师,不仅要有渊博的知识,更要有高尚的品德。只有在自己的生活和工作中勤奋踏实,拼搏进取,热诚善良,谦恭有礼,才能以自己出众的学识和品格,通过言传身教,慢慢去影响和教育学生,从而把学生塑造成品德高尚的人。因此,在教育大发展大繁荣的新时代新时期,教师必须高度重视自身师德建设,不断强化自己的职业修养。

　　教师的职业形象是学生和家长对具体教师的印象和评价,是教师在学识、品质、才能、情趣、礼仪等方面的素养的综合体现,既有内在的内容又有外在的表现。教师职业形象具有恒久的历史定位,那就是千百年来浓缩成的全社会对教师的基本要求,也就是通常所讲的"学高为师,身正为范"。长期以来,教师一直学高身正,为人师表,享有很好的口碑。但是,在21世纪的今天,在现实生活中,由于主客观多种要素的综合作用，教师职业形象却存在着许多缺憾，比如职业倦怠、学养不厚、金钱至上、心猿意马、趋炎附势、流气媚俗、"酒精考验"、学术官僚、"二家长"、社交明星、"眼镜蛇"，等等。为此，有必要进一步廓清教师职业形象的基本内涵和时代特征，采取得力措施重塑教师形象，切实做到敬业爱生、人格健全、学识深广、技能纯熟、仪容整洁、仪表端庄、仪态优雅，使教师既具备德才兼备的内涵美又具备得体规范的风貌美。

具体而言，教师的职业修养，主要体现为职业意识、职业理念、职业精神和职业人格等。其中，鲜明的职业意识包括主体意识、人本意识、责任意识、竞争意识、廉政意识、荣誉意识、危机意识、使命意识、民主意识、法律意识、审美意识、科技意识等，现代的职业理念包括现代教育理念、价值理念、学生理念、业绩理念、发展理念、人才理念、民主理念、法制理念、平等理念、改革理念、开放理念、关系理念、过程理念、评价理念、大教育理念等，超凡的职业精神包括无私奉献精神、忠于职守精神、吃苦耐劳精神、求真务实精神、开拓进取精神、助人为乐精神、辛勤耕耘精神、甘于寂寞精神、坚忍不拔精神、刻苦钻研精神、拼博向上精神、科学精神、民主精神、自由精神、创新精神等，高尚的职业道德包括敬业、奉献、博爱、尊重、宽容、诚信、公正、和善、博学、文明等，完美的职业人格包括职业素质、职业能力、职业境界、职业企划、职业人格修炼等。

本书从教师传统的完美社会形象入手，针对现实存在的教师形象缺憾表现，结合古今中外相关论述，通过鲜明例证进行分析评判，归纳概括出新时期新形势下合格教师应该具备的职业意识、职业理念、职业精神、职业道德和职业人格。

怀着对教育的满腔热血和对教育实践的亲身体验，我们承担并完成了吉林文史出版社组织出版的教师继续教育大型丛书之一《新时期教师的职业修养》。在本书写作过程中，我们参考了许多文献，并摘引了相关著作、报刊文章和网站专栏上的部分内容，特此说明并对出版者和作者深致谢意。由于时间仓促，加之水平所限，不足之处在所难免，敬请读者朋友批评指正。

目录

/ 教师的职业形象

教师的职业形象指教师的思想道德、业务、作风、礼仪等素质综合的外在表现，是广大学生和家长对教师的印象和评价，这是一个综合概念，既有外在的表现，也有内在的表现。同是教师，不同学科会塑造出各自不同的形象，如语文教师的儒雅，政治教师的善辩，数学教师的精细等等。教师的职业形象至少包括以下几个方面：

教师的道德形象——最基本的形象 /

"为人师表"；"身正为范，学高为师"。强调教师的榜样、示范作用。乐于奉献，坚持公正是时代对教师职业的基本伦理道德要求。奉献是教师职业责任感和使命感的具体体现。没有奉献精神就会失去教师职业的高尚性和纯洁性。公正就是"公平"、"正义"、"合理"。没有公正的教育将使学生的心灵失去平衡，教育过程则失去"善"的价值。

教师的文化形象——教师形象的核心 /

"才高八斗"、"学富五车"是教师的典型文化特征。传统形象受到了时代发展的严峻挑战。文化资源的丰富，知识的迅猛发展和老化，要求教师不断学习并调整自己的知识结构；大众传媒的发展使学生也成为文化资源的拥有者，要求教师给学生的文化展示与交流提供时空和机会；培养创新精神和实践能力的时代要求，以及学生个性差异，要求教师改变"教书匠"的刻板形象，自觉、主动投身到改革大潮中。

教师的人格形象——教师形象的整体体现

人格是一个人的整体心理面貌。具体包括教师对学生的态度、教师的性格、气质、兴趣等。教师的人格形象是学生亲近或疏远教师的首要因素。理想教师的人格包括善于理解学生、富有耐心、性格开朗、情绪乐观、意志力强、有幽默感等。

总之，教师的职业形象应是道德形象、文化形象、人格形象三者统一的整体，教师的形象建设是一个不断设计与改造的过程，需要全社会对教师职业的地位、功能、条件进行科学认识，需要教师职业内部不断建立起自己的规范。[1]

教师职业形象的历史定位

每个人都应该把握自己人生的方向，找准自己的位置。但怎样确定位置，规划人生，是值得我们深思的。

第一种境界是业师。即把教师当职业，会知识，给能力。昨夜西风凋碧树，独上高楼，望尽天涯路。做学问、成大事业者，首先要有执着的追求和坚定的信念，登高望远，明确目标与方向。当今社会，瞬息万变、诱惑多多，各种教育思潮纷至沓来，令我们有点迷惑茫然，教师首先要本着奉献爱生之心，为自己制定切实可行的人生目标，确定工作中的努力方向，坚定自己的专业信念，要"咬定教学不放松"，不随波逐流，要抓住教育的本质，遵循学生身

[1] http://zhidao.baidu.com/question/256797619.html

心发展的规律来从事我们的教育教学工作，要有自己的明确立场和观点。

第二种境界叫人师。即把教学看成是自己人生的需要，教做人，会方法。衣带渐宽终不悔，为"伊"消得人憔悴。成大事业、大学问者，不是轻而易举、随便可得的，必须坚定不移，忘我奋斗，为了达到成功的彼岸，劳其形伤其神也在所不惜。正所谓书山有路勤为径，学海无涯苦作舟；宝剑锋从磨砺出，梅花香自苦寒来。教学工作在确定了目标和努力方向后，就需要扎扎实实、勤勤恳恳地做好每一件小事；既要善于学习，不断提升自己的思想品位和理论水平，又要勇于尝试，锻炼自己的教育教学实践能力。有时为了小小的一点提高，可能要花费大量的时间和精力，有时虽然倾注了全部的心血和聪明才智，却可能收不到一点效果。但无论如何，在教学探索的道路上，将孜孜以求，矢志不渝。

第三种境界，也就是最高境界，即顿悟。要达到这一境界，就必须有专注的精神，反复追寻、研究，下足功夫，在经过多次周折、多年磨炼之后，逐渐成熟起来，有所发现，豁然领悟。这就达到了最后的成功。众里寻他千百度，蓦然回首，那人却在灯火阑珊处。所谓踏破铁鞋无觅处，得来全不费功夫。在教学探索的道路上，有时付出了很多，但仍觉得自己似乎没有丝毫的提升。我还是原来的我。可是，当我们回首自己走过的路时，我们会发现：在我们努力工作、学习探索的征程中，自己已悄然发生着质的变化。其实"我已不是原来的我"，而变成第三种境界的"大师"了，只是自己都还没有感觉到而已，可谓"不识庐山真面目，只缘身在此山中"。

学高为师 ╱

学高方能为师。一个教师不仅要严格要求学生在学业上有所成就，也要严格要求自己在专业领域有所建树，横向上要全面拓展自己的知识面以做到"博"，纵向上要深入钻研自己的专业知识以做到"专"。作为一名人民教师，应该树立自己终身学习的目标，让自己成为一个喜欢学习、善于学习、博学多才、勤奋好学的人。

要成为学生学习的引导者、组织者和参与者 教师的特殊功能是传授知识，指导学生学会学习，培养学生的各种能力，促进他们的智力发展。而教师的这一角色主要是通过教学活动来实现，在教学过程中，教师根据教学规律和学生身心发展的特点，组织一系列的活动，调动学生的积极性，以使他们牢固地掌握科学文化知识，发展多方面能力。这是教师职业的中心角色。

要成为教育科学的研究者 现代科学技术的发展突飞猛进，知识经济时代已经来临，传统的"教书匠"已不能适应经济社会的发展以及教育自身的需要，专家型、学者型的教师将成为未来教师的重要角色之一，因此，教师不能仅仅满足于向学生传授现成的知识，而要积极探索和研究教学与学习中出现的问题，成为一个科学研究者。特别是对自己教学的研究，要掌握一定教育科研方法，并注重运用所掌握的方法解决自己在教学实践中所遇到的问题，从而使自己不仅成为一名教育实践者，而且还要成为教育理论家，成为教育科学的研究者。

要成为学生灵魂的塑造者 教师不仅要向学生传授科学技术、文化知识，培养其能力，而且还要塑造学生的世界观。人们常说"教师是人类灵魂的工程师"，就是指教师在学生思想品德教育方面的特殊角色。教师要培养学生具有正确的人生观，世界观和远大理想，培养他们丰富而高尚的精神境界，培养他们追求真理，热爱科学，热爱和平的品质，培养他们具有不断完善自己的道德品质。

要成为博学多才的学习者 作为一名教师，基础知识扎实，熟悉课本，掌握重点难点，这是最基本的要求。但是要想成为一名受欢迎的教师，就必须有丰富的课外知识及本学科的相关知识。如果一位数学教师在课堂上尽只讲些数学公式、定理，然后就是无休止的做练习题，那么学生就会觉得学数学枯燥无味，从而失去了学习数学的兴趣。反之，要是一位数学老师在课堂上谈笑风生，幽默有趣；课后对学生问的各种问题能快速、准确地回答，那么这个教师肯定会吸引学生的注意力。因此，教师一定要有丰富的知识，用深厚的文化底蕴感染学生。

身正为范 ／

唯有身正方能为范。傅雷先生在教育他的孩子如何成为一个好钢琴家时说："首先要成为一个人，其次是成为一个艺术家，最后才是成为一个钢琴家"。爱因斯坦的伟大，就在于他不仅仅是一个物理学家，一个科学家，更在于他是一个具有崇高人格的人。前辈们再三寄希望于青年一代，也正是为了使我们成为"一个和谐发展的人"，只用专业知识教育人是不够的。通过专业教育，人可以成为一种有用的机器，但是不能成为一个和谐发展的人。要使学生对价值有所理解并且产生热烈的感情，必须获得对美和道德上的特有鲜明的辨别力。作为一名教师，首先应该有良好的人格、道德等。教师作为人类灵魂的工程师，必须用人格的力量，引领学生学习知识，学会做人。用自己的人格魅力感召学生，做学生成长进步的典范。

要成为学生的良师益友　教师在课堂上、学习上是教师，在生活上是长者和父母。因此，一名教师不仅要关心学生的学习，还应该培养他们良好的生活习惯和技能，解答他们在生活中遇到的各种问题，充满热情地关心帮助学生，扮演父母的形象角色。在日常生活中，教师还应成为学生的朋友与知己，对待学生要热情友好、平等民主、保持良好的师生关系。当然，教师在充当朋友、知己角色时，不能忘了自己又是管理员的角色，是学生学习纪律的监督者和执行者，在关心爱护和帮助学生的同时，还要维持课堂教学秩序，运用奖罚来控制调节学生的活动，创造良好的班集体，保证教学活动的顺利进行。

要成为学生学习的榜样公民　教师是教育人的人，社会上的人们按照教师的地位和作用，理所当然地要求他成为学生和公民的榜样。在学生心目中，教师是知识的源泉，是智慧的化身与行为的典范，教师所有的言行举止都无疑会成为学生模仿和学习的表率，在学生心目中打下深深的烙印。每个教师都要通过自己的榜样表率作用去感染每一个学生，对学生施之以潜移默化的影响。

要成为爱岗敬业的模范　作为一名教师，首先就要热爱自己所从事的职业，把教育工作看成是自己最重要的事业那样用心来经营，全身心投入，把自己都奉献给教育。要相信"一分耕耘，一分收获"，无论从事什么样的工作都要热爱自己所从事的工作，对工作有了热爱然后加上用心，都会干好的。而且家长和学生看到教师为了教育工作这样卖力，自然就会对老师更加尊敬了，学生自然也就认真学习了。长此以往，教师自然而然就会树立自己的声望和信誉了，所谓"亲其师信其道"。

要成为自身素质的提高者　教师作为学生的引导者，备受学生关注，教师的一言一行都会对学生产生很大的影响。现在教学提倡用普通话授课，听教师用标准流利的普通话授课是一件很享受的事。教师要求学生做的事情自己必须做到并坚持做下去，不然学生就会觉得这个老师很虚伪，说一套做一套。风趣幽默，举止优雅，塑造了个人魅力的教师才会深受学生欢迎。

要成为学生优点的发现者　家长放心地把子女交到老师手中，教师就必须对他们负责，对每个学生都要全身心地付出真情。教师要调整好自己的心态，每个学生都有好的方面，教师要努力去发现，并从他们的"闪光点"入手，引导他们努力学习，渐渐就会发现原来每个学生都那么招人喜爱。教师用心去爱每个学生，学生也就更亲近教师了。

　　每天进步一点点，就是卓越的开始；每天谦虚一点点，就是被接纳的开始；每天创新一点点，就是领先的开始；每天多做一点点，就是成功的开始。只要朝着优秀教师这一目标不断前进，相信一定能成功，一定可以成为"学高为师，身正为范"的师者。

/ 教师职业形象的现实缺憾 /

职业倦怠 /

当你踏进校园，孩子们一声声清脆的问好已无法舒展你紧锁的双眉；当你走进教室，同学们婉转悠扬的诵读已难以激起你心灵的共鸣；当你端坐在办公桌前，以一句"这点小事也来烦我"打发满含委屈来求助的学生；当你从积满灰尘的书本下找出一份"古香古色"的教案，在上面稍作圈点甚至只瞄一眼便心安理得地走上讲台……诸如此类的表现表明：老师，你真的是"老"了。即便你还很年轻，但你的心态已经老了；即便你自认拥有年轻的心态，但此刻的你一定染上了不少教师感染过或正在感染着的一种"职业倦怠症"。

教师职业倦怠的含义

所谓"职业倦怠"现象，是指一个人在社会期望值、个体内在的期望值过高而客观实际又达不到预期目标的情况下所产生的失望的情绪、疲惫的心态的一种心理现象。它的心理特征表现为生活的乏味感、事业的失望感、精神的疲惫感、认知的冲突感等，是一种心理的内在需要与客观实际情况相矛盾的产物，也是一种对现实的消极反抗而求得心理平衡的心理反应。从本质上讲，它是一个人内外冲突矛盾运动的结果：渴望快乐与感受平淡的矛盾、渴望成功与感受平凡的矛盾、渴望激情与感受平庸的矛盾，总之它是内外不和谐的结果。教师职业倦怠，是由于教师长期工作在压力的情境下，工作中持续的疲劳及在与他人相处中各种矛盾冲突而引起的挫折感加剧，最终导致一种在情绪、认知、行为等方面表现出精疲力竭、麻木不仁的高度精神疲劳和紧张状态，属于一种非正常的行为和心理。

教师职业倦怠的症状及不良影响

(1) 教师职业倦怠的症状表现。教师职业倦怠的典型症状，是工作满意度低、工作热情和兴趣的丧失以及情感的疏离和冷漠。教师职业倦怠可以划分为心理、生理和行为三个方面。第一，心理表现。表现为害怕或者故意避免参与竞争，没有竞争热情；逐渐失去工作乐趣，对办公场所有强烈排斥感甚至恐惧感；长期处于挫折、焦虑、沮丧状态，情绪波动很大，逆境下容易焦躁；对工作任务产生本能的厌倦，对业务指标缺乏动力；工作过程中极易产生疲累感，对工作的新异事物敏感度降低等。第二，生理表现。表现为身体长期处于"亚健康状态"，食欲不振、睡眠质量下降、活动力缺乏等，严重的还会出现嗜睡或者失眠、吃不下饭甚至是呕吐的情况；已经出现一些慢性疾病或者疾病征兆；工作效率降低，行动迟缓、注意力分散、记忆力下降、精神恍惚，甚至出现机能性工作障碍。经常产生疲劳感，失眠、食欲不振、喉咙嘶哑、背痛、头晕，以致全身酸疼，内分泌功能紊乱、血压升高等多种生理现象出现。女教师还会出现生理紊乱、月经失调等。在认知方面，感到工作没有意义，没有价值，将其看作是枯燥的机械重复的琐碎事务，觉得前途暗淡，没有希望；在情感方面，对工作失去兴趣，厌倦，情绪波动大，经常感觉抑郁、焦虑和烦恼等；表现在意志方面，在工作中碰到困难就躲，不愿钻研。第三，行为表现。表现为对工作敷衍了事，社会退缩，人际关系敏感，抱怨与玩世不恭，降低效能，家庭不和谐，情绪波动大。由于经常感到压抑、焦虑，普遍对工作缺乏进取心，纯粹是为了工资而来上班等。

(2) 教师职业倦怠的不良影响。一是教学效果下降。教师的身心与疲劳过度，对学生的观察、教育能力就会在无形之中降低，对学生的心理援助，管理指导等精神维持能力也会随之变得低下，当然随之而来的是教育、教学方法的不灵活或出现失常现象，在工作上变得机械，工作效率低，工作能力下降，最终导致教学质量降低。二是人际关系紧张。在人际关系上变得疏离，退缩，摩擦增多，情绪充满忧郁和攻击性。有些教师使用粗暴的体罚，急躁的情绪、行为来对待学生，实则是一种身心疲倦，压力增大后所产生的"危险信号"。教师心理疾病会导致严重的后果，有时会给学生带来难以弥补的伤害。三是造成自我身心伤害。教师的职业倦怠会造成教师的心理障碍和心理疾病，轻则是教师的消极态度和情绪表现明显，重则会因不良心理状态而引起神经衰弱，或因不堪压力而导致精神崩溃，最终直接影响自己的身心健康。对同事不愿理睬，对学生冷漠，经常觉得自己孤立无援。四是教师职业倦怠将会导致教师队伍的高流失率，严重影响教师队伍的稳定和国家教育事业及整个社会的发展。

应对教师职业倦怠的策略

第一，关注工作的兴奋点。对于出现职业倦怠，许多教师所持的观点是，教师这一职业太枯燥，每天总是从事着相同的工作，日复一日，年复一年，难免不倦怠。这种观点看似合理，但是仔细推敲一下，却存在问题。尽管教师每天从事的都是教育教学工作，然而教育教学本身是极具创造性和艺术性的，不仅教学内容和方法是动态的，而且所面对的学生也是有血有肉有情感的，在这充满活力的教学环境中，每一天都不可能是单一重复的。因此，教师应该善于发现新的兴奋点，以此来刺激自己的精神、唤起自己的情趣和热情。

第二，提高学习意识，充实自己。不少教师出现倦怠心理，是由于不适应课程改革的新理念以及学生发展的新特点，换句话说，就是不能很好地接受并适应社会的变化。因此，通过学习来更新教师自己内在固有的认知结构，以最大限度地减少不适应是当务之急，也是行之有效的方法。

第三，增强自我效能感。自我效能感是指对自己工作是否有效的一种主观体验，能够对自己的努力结果产生积极正面的感受，是使自己不断受到鼓舞、保持乐观的工作态度的重要基础。

第四，克服不合理信念。不合理信念对于心理的健康发展有着明显的消极影响。如果头脑中的不合理信念太多，就会产生严重的社会适应不良。教师通常都有着强烈的责任心，对于自己要求非常严格，做事认真，这些都是优点。但是从另一个角度上讲，具有这些人格特征的人容易出现不合理信念。

第五，丰富文化生活。丰富的文化生活可以极大地改善一个人的心态、调节一个人的情绪。无论工作多么忙，都应该善于忙里偷闲，参与一些有益身心健康的活动，培养自己的业余爱好，在多彩的生活中增强自己的生活乐趣。生活的情趣可以对职业心理产生积极的影响。

第六，多与他人交往、沟通，找他人倾诉、宣泄，倾听别人的工作感受和经验是非常便捷的克服职业倦怠的方法。

第七，自我放松训练。在工作之余，听听音乐，做做运动，自我按摩等都会极大地放松身心，缓解压力。[1]

金钱至上

主要表现　一是"违规补课和有偿家教"。这种现象比较普遍，群众反映很大。个别教师或几个教师联合起来，利用双休日、寒暑假等时间，要求学生补课，收取补课费。有的教师相互介绍学生为对方提供有偿家教生源；少数教师联合在家里或在外租用教室进行集体家教；为退休教师介绍有偿家教生源并从中获利等。有偿补课给学生造成"金钱至上"的负面影响，给家庭增加了负担，苦了孩子，毁了师德，害了教育。有偿补课给补课教师带来了丰厚的经济收入，使教师之间的收入产生差距，造成部分教师心理很不平衡，严重影响了正常的教育教学工作。教师有偿补课势必造成新的教

10

[1] http://zhidao.baidu.com/question/163322202.html

育不平等，有钱家庭的孩子可以得到老师较好的教育，而贫困家庭的孩子因交不起补课费而望尘莫及。据一些学生和家长反映，有些补课教师课堂留一手，课外去创收，把课堂上应讲的精髓放到课外讲，降低了课堂教学效率，影响教学质量的提高（当然这只是个别现象）。学生参加课外补习班，既加重了他们的课业负担，也影响了他们的睡眠时间，不利于他们的身心健康。二是"校外兼职取酬"。部分公立学校的教师搞第二职业，利用课余时间到民办私立学校或者其他培训机构兼课，捞取"额外收入"。三是"指定订购教辅资料"。个别教师利用从教之便，向学生推销书籍、学习资料或其他商品，要求学生到指定书店购买教辅资料，并从中接受书店老板的"回扣"。四是"收受红包礼品"。个别教师家里有喜事，便在班上宣布，暗示学生或学生家长主动送红包礼品，或者要求学生家长办私事。这些教师将教育、管理学生变成谋取私利的工具，将学生家长是否请客送礼和学生评优、当班干部、排座位挂钩。每年的9月10日是中国的教师节。每到教师节前很多家长就开始忙碌起来，因为对他们来说又到了一年一度送礼的日子了。到互联网上随便搜索一下，就能发现关于教师节送礼的信息有20多万条。其实师生、家长间的人情往来并无可厚非，尊师重教也不只是中国的文化，教师在国外也同样受人尊重。只是在国外大多数家长看来，热爱孩子、关注孩子的成长，是教师的天职，师生间的关系不需要、也不应该用金钱来维系。这种种教师失范行为严重违背了师德的基本要求，偏离了教书育人的精神内涵，异化了纯洁的师生关系，影响了学生的健康成长，遏制了教育事业的健康发展。

怎样应对　一是加强师德师风教育。教育部门要根据教师的思想状况，定期开展政治学习，不断强化思想教育，牢固树立教师为人师表、教书育人的思想意识。在教育系统开展"树师德标兵、学先进典型"活动，在教师队伍中及时发现、培养、推广一批德艺双馨的先进典型并进行表彰奖励，重塑良好师德师风。二是健全教育管理制度。教育部门要在开展工作的过程中，不断总结好的做法和经验，并以制度的形式固定下来，如《关于禁止中小学在职教师从事有偿家教的规定》等教师廉洁从教相关规定，形成较为完备的制度体系，为规范教师从教行为夯实基础。三是强化廉洁从教考核。教育部门要强化对教师工作的考核力度，明确将师德师风纳入教师绩效考核和评先评优的重要内容，并做好日常考核记录。严格考核结果运用，对有不廉洁行为的教师，不予评先评优，对当年的评职称给予推迟两年处理，对连续两年因不廉行为而受到处分的教师，给予清退。四是严格监督严肃惩处。教育部门要会同纠风办定期不定期对教师在岗情况进行检查，加强对在职教师的监管，加大对在职教师不廉洁行为的惩处力度，严肃查处教师收受回扣、校外办班、有偿家教等行为，达到了查处一个、震慑一批、教育一片的目的，全力保护最后一块"净土"。

让尊师重教蔚然成风　中国设立教师节的初衷本是动员全社会尊重教师、提高教师的地位、改善教师的工作和生活条件、进一步提高教师的政治地位和社会地位，形成尊师重教、尊重知识、尊重人才的社会风尚，推动教育事业的发展。把9月10日定为教师节，是因为新生入学伊始便可以开展尊师重教的活动，创造一个让教师教好、学生学好的良好环境。在美国虽然没有固定的教师节，但每逢感恩节、圣诞节、或情人节，教师还是会收到一些学生们的礼物。那些礼物可能是一个学生自制的书签、学生家长亲手缝的一双棉布袜子、或者是自己烤制的一块面包。这些在价格上可能不值几块钱的礼物，对于教师来说，却是无价之宝。因为那些礼物中包含着学生和家长们太多太多的尊重、爱戴和真情。中国教育部颁发修订的《中小学教师职业道德规范》里，明确地规定教师不得利用职务之便，牟取私利。作为一名教师，他（她）应该有勇气拒绝家长和学生送的厚礼；作为一名家长，他（她）应该与教师携手，为自己的孩子创造一个清洁的学习环境。要知道接受良好的教育是每一个孩子的天赋人权，无条件地教好每一个学生是教师的天职。孩子们的天赋人权不可以用金钱出卖，教师的天职也不可以用金钱来收买。毕竟，金钱不是支撑我们这个世界的唯一。[1]

/ 教师职业形象的内涵重塑 /

教师职业的出现是人类文明发展的重要标志，也是促进人类文明发展的重要保障。然而，人们大多缘于教育的重要性才想到教师，习惯于在向教师作出规约和要求时才去研究教师，过多地关注教师对于社会的工具性意义。换言之，迄今为止的教师研究中，大多缺乏真诚的本体性关照，只是从社会的角度进行"无主语陈述"。这将严重制约教师职业形象的合理化建构和教师职业的专业化发展。

对教师职业形象的认识偏差及其原因分析 /

教师职业形象是作为教师的群体或个人在其职业生活中的形象，是教师职业群体或个人精神风貌和生存状态的表征。教师职业形象不仅来源于社会评价，也来源于教师群体内部或个体自身对其职业活动所持有的知识、观念和价值体系。它是教师对自我形象的内在确知和社会对教师形象的外部确认的统一。由于特定的历史文化环境和对教师职业形象专门研究的不足，我国教师职业形象存在认识上的模糊性和片面性。这种认识的偏差导致教师职业形象的迷失。

模糊性

教师职业形象认识上的模糊性，是指我国尚未形成清晰、确切而稳定的教师职业形象，人们对教师职业形象的认识存在变动不居、边界不清、众说不一等特点。这种模糊性主要表现为对教师职业形象认识的动摇性、经验性、随意性和非确定性。

13

[1] http://bbs.zhong5.cn/thread-8175604-1-1.html

第一，教育的独立性不足造成教师职业形象认识的动摇性。传统教育主要屈从于统治阶级的政治需要，成为政治统治的工具。教育所应有的相对独立性不足，教育并没有取得其作为社会子系统的独立领地，时时处于社会政治和经济的强力驱遣之下。教师很大程度上充当了统治阶级的代言人和封建纲常的卫道士，他们的职业宗旨和价值基本上由统治阶级设定。他们在人格上、在生存方式上均带有强烈的政治依附性。因而，不同的阶级和政治集团均会从自身政治立场出发对教师职业形象提出规约，并以此主导着社会公众和教师本人对教师职业形象的认识和建构。由于政见的迥异、政治利益的冲突以及历史时代的变迁，这种依附于政治的教师职业形象便呈现动摇性甚至强烈的反差。

第二，教师专业地位低下造成教师职业形象认识的经验性、随意性。奥斯汀以较权威的研究成果概括出教师职业四项重要的专业特征：一套完善的专门知识和技能体系作为专业人员从业的依据；对于证书的颁发标准和从业条件有完整的管理和控制措施；对于职责范围内的抉择有自主决策的权力；相当高的社会声望以及经济地位。教师专业地位主要表现为其政治经济地位的拥有和从业资格的认定。我国教师一直处于清贫的经济状态下，解放后，教师工资水平一度偏低，1978年教育文化系统职工的平均工资在国民经济12大行业居倒数第一位，以后各年度始终在倒数第一和第三之间徘徊。几十年间，拖欠教师工资的现象司空见惯，有些农村学校教师还处于半教半农的尴尬境地。

我国教师的职业自主权也较小。他们在严守道统、师严道尊、辅政出仕等观念和生存方式影响下，讲授四书五经和封建礼法，专事科举考选和八股策论。他们时刻关注着自己是否传的是"王道"，讲的是"圣言"，不敢也不愿在巍巍教坛宣讲自己的声音，不能自主地选择教学内容和评价方式。解放后，我国教师的职业自主权有了明显提高，但依然被框在高度划一的"一纲一本"的范围内，高考范围的规约使他们不敢越雷池一步，自觉不自觉地充当了升学的工具。显然，我国教师只是被视为一门职业而称不上专业，教师尚未取得像医师、律师等职业一样的不可替代的职业专门形象。人们只是凭着感性经验零散、随意地在各自的观念体系中拼凑着教师职业形象。这种缺乏专业限定和形象边界的主观拼凑，将导致教师职业形象认识的个体差异和整体上的模糊性。

第三，教师职业形象的学术研究不足导致教师职业形象基本认识的非确定性。我国教育史上许多指谓教师形象的语汇以文化隐喻的形式为人们所熟识，如"政治官吏"、"与天地同位、与君亲同等"、"春蚕"、"铺路石"、"太阳"、"孺子牛"、"人类灵魂的工程师"、"园丁"、"路标"、"摆渡人"、"火箭"、"学生的拐杖"、"乐队指挥"、"球队教练"、"导演"、"教书匠"等等。仔细分析这些隐喻性语汇，不难发现我国教育史上对教师职业形象的论述只停留于粗浅的层面，缺乏系统、理性和确切的分析标准和全面的研究视角。由于学术研究的不足和教师职业形象理论的贫困，人们（包括教师自身）不能揭示出教师职业的内在特质和从业标准，不能形成教师职业形象研究的理论主线和逻辑框架，无法形成系统、清晰和相对稳定的教师职业形象。换言之，人们的认识具有非确定性。人们可以列举出许多借代物来说明教师职业与如此多的事物相关相似，但人们难以找出潜隐于诸多借代和隐喻关系之中的教师职业的确切形象。

片面性

教师职业形象认识的片面性，是指对教师职业形象的认识存在以偏概全、厚此薄彼的特征。模糊性与片面性之间是紧密关联的，由于认识上的粗浅和模糊而无法全面地认识教师职业的完整形象；而认识上的零散和偏见则导致认识上的模糊不清和难以深入。我国教师职业形象认识上的片面性突出地表现在以下几个方面：以教师的道德形象和道德规范取代其职业形象和职业规范；重社会评价的外部形象，轻自主建构的内部形象；重教师的社会价值形象，轻自我的价值形象；重教师的课堂形象和职前教育形象，轻生活形象和终身学习者、终身教育者形象；重教师的知识传承和信息给予者形象，轻教师的文化创新、专业研究和方法价值引导者的形象。

(1) 传统的伦理型文化与教师职业评价的道德至上性。我国传统文化属伦理型文化，它以德和善作为最高文化标准。《大学》一书开宗明义"大学之道，在明德，在亲民，在止于至善"。韩愈指出，为师的首要任务是"传道"，并进一步强调"道之所存，师之所存"。是否"得道"和能否"传道"是我国教师职业价值高低的首要标准，对教师德行道义方面的要求高于才艺学识方面的要求。解放后，很长一段时间内把红等同于专、只要红不求专。由于没有很好地区分道德规范和职业规范，导致过高的道德要求使教师无所适从，而基本的职业要求却难以落实："软性"的道德要求被扭曲，"刚性"的职业要求被削弱。在教师职业评价中，过分强调精神道德层面的褒贬而淡化实际职业行为的扬弃和物质利益手段的运用。这更强化了教师的"道德形象"。

(2) 教育时空、功能的窄化与教师职能的简单化。在时间上，教育被简化为对青少年学生的职前教育，而较少涉及成人的在职培训和终身教育；被简化为在校时间的教育，而较少涉及离校时间的教育；更有甚者，被简化为上课时间的教育，而较少涉及课余时间的教育。在空间上，教育被简化为校内教育甚至课堂教学。因而，传统教育在功能上呈现出明显的狭隘性，重在知识经验的授受、静态技能的训练和文化的传承，忽视生命体验的提升、动态技能的养成和文化的反思、创新。在这种传统教育观的束缚下，人们习惯于把教师这一职业角色局限在讲坛之内和职前教育时段，教师的职业角色被简化为左手执教鞭、右手握书卷的教书匠，缺乏时空广度和生活的丰富性。继承和传播既有的道德和学问是教师的主要职能。而教师一般不负有文化监督、反思和创新的责任；工作只是在掌握一定的知识经验之后对学生的输出和感化，而不注重在职业生涯中不断进行专业学识和教育教学的研究；只对学生的当前教育负责，而不对学生的可持续发展负责；把学科教学作为自己教育工作的全部，而较少关注对学生的生活教育、情感教育等。教师作为"大教育者"的形象尚未建立，教师的职业职能呈现出简单化的特点。

(3) 教师职业价值的外部规约性与教师职业形象认识的僵化、肤浅。我国长期以来在探讨教师的价值时过多地强调教师作为客体的价值，而忽视教师作为主体的价值。在教师职业价值评价中，重教师职业的社会价值，轻教师在职业生活中的个体生命价值；重教师职业价值标准的外部规约，轻内部确知和认同。更有甚者，这种由社会外加的职业价值评价往往带有远离俗世的拔高倾向，把价值理想当成现实的价值律令。也许，来自社会的对"蜡炬成灰"、"春蚕到死"的赞美含有善意的欺骗；也许，来自教师自身的对于"桃李满天下"的向往只是一种悲剧性的慰藉和寄托。这种教师职业价值的外部规约性，导致教师职业价值形象中"自我"的缺失，使得原本作为来自职业自身的内在形象和来自外部规约的外部形象的统一体的教师职业形象被人为地剥离，而只剩下外部规约这一形象认识和建构的来源，这也使得教师职业形象存在外强内虚的虚假性和内外背离的冲突性。因而，教师职业形象成了水上浮萍，缺乏自身形象的内在根基，只能零散地从外界汲取和接纳纷杂的、偏狭的形象。[1]

现代社会教师职业形象的定位 /

教师职业形象的建构是萌发于传统、立足于现实并指向未来的动态过程。现代

[1]　陈永明，钟启泉.现代教师论[M].上海：上海教育出版社，1999.

社会教师职业形象的定位与重建应以确定教师职业的专业性为前提，以教师专业素养的全面提升为基础，以教师角色的丰富化为主要内容，以教师专业形象的塑造和专业自我的建构为核心目标，在教师职业基本形象的基础上探求教师职业形象的时代特征，进而构建以专业自我为核心的教师专门形象。

教师职业基本形象

(1) 教师是专业人员。尽管教师的专业化程度还不高，但教师职业一直被视为"准专业"、"半专业"或"有一定替代性的专门职业"。教师专业化已成为当今世界教师教育的共同趋势。人们越来越清醒地认识到："提高教师的质量，激励教师的工作积极性……必须从教师这门职业出发，尊重教师职业特点，从整体上对教师职业加以审视。"早在1966年，国际劳工组织和联合国教科文组织就在《关于教师地位的建议》中指出："应把教育工作视为专门的职业。"我国于1993年颁布的《教师法》第三条也明确规定："教师是履行教育教学职责的专业人员。"确立教师职业的专门性是一个长期渐进的过程。教师职业作为专业性职业的形象应呈现以下特点：其一，教师应是经过一定时期的专业教育、具备系统而独特的专门理论知识和实践技能并拥有较高学历和任职证书的从业者，他们的工作是其他行业的从业者不能替代的。他们是积极向上、充满爱心、富有正义感和责任心、公正、善良、有崇高理想的职业人员；他们是有丰富知识的、智慧的人。其二，教师作为一个职业群体应建立系统的行业规范和资格认证制度。其三，教师作为一个专门性职业意味着教师在履行职业义务和自我奉献的同时，也享有职业权利并感受、体现和创造着职业生活自身的美，在教育生活中体验到交往的快乐和自我实现的愉悦。教师从事自己的职业活动"不只是为学生成长所作的付出，不只是别人交付任务的完成，它同时也是自己生命价值和自身发展的体现"。教师职业应是一个充满职业魅力的能充分体现和提升从业者生命价值的职业。

在自己的职业范围内，教师因为拥有专门的知识和技能，从事不可替代的社会工作而获得全社会尊重和较高的劳动报酬。其四，教师应是一群独立的职业者。教师以其在教育教学实践中的重要地位必须拥有较高的教育教学方式、内容、手段的选择权，教育教学管理的参与权和教育教学改革的权利等，必须主要依据自己的人生体验、学术主张和教学风格开展教育教学的创造性活动，而不是每一步都听从安排和调配。教师也应像律师、医师一样对自己的职业行为有独立的价值评判和行为方式，而不是纯粹听从外部社会的指使和加封。

（2）教师是经师与人师的合一。我国素有"学高为师，身正为范"的传统。朱熹反对务记览、为辞章、钓声名、取利禄、只会作科举时文的教师，强调教师应有"德行道艺之实"，能发挥"诲人不倦"之精神，熟练运用教人艺术。教育家徐特立认为，教师不仅是一个有学问的人，也应是一个道德模范人物；教师不仅要教学问，还要教行为，教怎样做人的问题。他明确提出教师应是经师与人师的合一。现代社会，教师的基本形象也应包括经师和人师这两个主要方面。作为经师，教师不仅要学问渊博且有独到体悟，还要善于不断学习和更新，善于把自己的所得所悟转化为学生的知识和体验；作为人师，教师应是道德高尚、人格健全、善于生活、爱岗敬业的人，并且教师要善于启发引导学生形成良好的思想品德、积极的生活态度以及做人处事的生活智慧。经师与人师作为教师职业形象的基本要素，两者是相辅相依、互生互成的关系。在知识学问和教育教学方面的探求有助于提升教师的道德觉悟与人生境界，也有助于提高对学生进行道德品行和生活智慧教育的实效性；而教师在道德情操方面的修养又为教师人格魅力的提升和职业生活审美化创造了条件，有助于教师在学问钻研和教书育人的活动中不断跃升到新的境界。

教师职业形象的时代特征

现代社会是一个知识信息高度密集、人的创新素质和独特个性受到空前重视、人的主体地位得到极大凸现的社会。在这样一个时代背景中，教育也面临着从封闭式教育向开放式教育、从继承式教育向创新教育、从职前教育向终身教育、从整齐划一的教育向个性化教育的深刻转变。所以，现代社会的教师职业形象也被赋予丰富的时代特色，应当在其基本形象的基础上构建具有时代特质的理想形象。

(1) 教师成为研究者。教师成为研究者就是要从传统的经验型"教书匠"成长为富于创造力和反思能力的专家型的教师。作为教师的研究者并非一般意义上的专家，教师不仅要研究学科专业知识，更要善于从自己的教育实践和周围发生的教育现象中发现问题和意义，不断改进自己的工作并形成理性的认识，从而提高教师职业的学术性和职业魅力。换言之，教育研究是教师科研生活的主要方面，是教师作为专业人员的一种专业生活方式。为了保持教师自身知识和体验的鲜活和充盈，为了高效地把自己的所得所悟传授给学生并与学生一道畅游于教育教学的艺术境界，教师不仅要从事学科研究，更要从事教育研究；不仅要研究教材，更要研究学生；不仅要研究教师的教法，更要研究学生的学法；不仅要研究学生的共性，更要研究学生的个性。教师成为研究者是教师自身价值实现和提升的重要途径。教师通过从事研究，自己创造着自己的专业生活质量，使教师工作更富有创造性和内在魅力，从而提升教师职业群体的社会声誉，摆脱"照本宣科"的刻板形象，提高自己的学术地位、经济地位和职业认同感，领略和彰显教育生活之美。教师具备教育科研和专业探究的得天独厚的条件。教师长期工作在教育实践第一线，掌握着丰富的研究素材，容易获得鲜活的问题意识和独到的实践体验，能使研究富有针对性和时效性。教师最有条件对已有的教育理论和学科专业知识进行检验、反思和完善，也最有条件摸索出有效的理论向实践转化和实践经验上升为理论的途径，从而为解决长期以来困扰教育工作者理论与实践相脱节的问题洞开一缕亮光。教师更应是行动研究者，即"在教学中研究，在研究中教学"。因此，教师成为研究者不仅是必要的，也是可能的。

(2) 教师是终身学习者和学生学习的引导者。在知识激增的现代社会，教师无法仅凭职前教育所获得的知识一劳永逸地对学生进行"知识输出"。教师必须紧跟知识更新的步伐，不断学习新知识、吸取新观点、研究新问题，教到老，学到老。同时，在信息社会终身教育的背景下，教师不可能也没有必要把浩如烟海且正在不断更新折旧的知识都教给学生，教师应当帮助学生掌握学习的方法，形成独立学习的习惯和能力，引导学生学会学习。教师的独特意义不在于他（她）是知识的给予者，而在于他（她）是学生自主学习的引导者。

教师专业形象的建构和专业自我的形成

教师职业形象的建构有赖于教师职业的专业化发展。教师专业化的主体是多元的，主要有政治集团、社会公众和教师自身；教师专业化的条件也是多方面的，主要有社会外部环境的改善和教师专业自我的建构。全社会对教师职业专业性的认可，对教师生活状况的关注，对教师职业权利和人格的尊重，有利于营造尊师重教的文化和法律环境，从而从外部提高教师的职业地位和职业声望，促进教师专业化发展。然而，教师专业化最终体现于教师个体专业发展的水平，依赖于教师自身对专业发展的追求。有学者认为，"教师个体的专业发展是教师专业化的核心"，而教师个体专业化也就是教师专业自我形成的过程。"自我是一个复杂、多维、动态的表现体系，它是人和环境之间长期相互作用的结果。它不仅影响着人们对具体工作条件和要求的感受方式，而且也影响着人的行动方式。"

教师专业自我主要包括以下几个方面：一是自我形象，即对"我是一个怎样的教师"的回答，属一般的自我描述；二是自尊，一种评价性的自我体验，对教师自身专业行为或素质进行个体评价；三是职业动机，即促使教师选择教师职业、留任或离任的动力；四是工作满意度，即教师对其职业情况的满意程度；五是对教师任务的认识，对工作内容的了解，不仅需要回答"作为教师必须做什么"，且要回答"作为一个优秀教师必须做些什么"；六是未来前景，指教师对其职业生涯和工作情境未来发展的期望；七是个体的教育理论，即个体对具体的教育情境所作出的不同的反应，它表现出专业知识场景中个人实践的差异。

教师专业自我的形成，意味着教师对自己的职业在以上几个方面获得独到的悟解，为教师职业形象确立了令自己和社会信服的内在根源，并不断把对教师职业形象的自我确知付诸职业生活实践，从而使自己成为其专业生活的享有者和创造者。可以说，教师专业自我的形成，是教师个体专业化和教师职业形象建构达到较高水平的标志。教师要成为他（她）自己，教师职业要成为独特的富有魅力的职业，有赖于教师自身不断体味和反思自己的职业行为和生存状态，逐渐形成明晰而合理的专业自我。只有这样，教师职业才能真正称得上一门专业，才能凭借职业自身的美为从业者和社会公众所认同并受到由衷的赞誉，才能在现代社会树立起融教师职业的社会价值和个体价值于一体的独具职业魅力的教师职业形象。[1]

塑造新时期教师的美好形象 /

教师的职业形象，是学生和家长对具体教师的印象和评价，是教师在品质、学识、才能、情趣、礼仪等方面的素养的综合体现。既有内在的内容，又有外在的表现。中国几千年来浓缩成的对教师的要求就是"学高为师，身正为范"。每个教师都要有一对翅膀，一个承载着学识才能，一个承载着高尚的品质。有德无能不称职，有能无德是祸害。

德识兼备的内涵美

(1) 敬业爱生。这是作为一名教育工作者必备的职业素质。其一，教师是一种以智慧传播智慧，以心灵塑造心灵，以生命影响生命的职业。教师是在为社会的发展培养合格的后备力量，责任的重大方显工作的神圣。其二，教师是以爱为主题的工作。北

22

[1] 霍力岩.教育的转型与教师角色的转换[J].教育研究.2001,(3).

师大编辑出版的《教育学》列出了教师应具有的八种角色,有父母的角色、朋友的角色,等等。其实,还是"良师益友"概括得最好。对学生不论是学问还是做人的教导,都得平等、尊重和合作。光有爱心还不够,要了解学生、讲究方法。有专制式的爱,有放纵型的爱,这两种方式都会是无效或是低效的,只有在民主、平等、尊重前提下的爱才是高效的、有益于学生身心健康发展的。所以,爱也要得法,才有效果。第三,教师的感情应该是一种持久、兼容和宽大的爱,体现的时候不能有波折,不能有观念性,更不能有类别性。教师对学生的爱,要符合职业习惯,要体现爱的一般特征,但又不等同于一般的爱。教师应该爱所有的学生,尽量要做到把爱给予每一个学生,平等地爱大家。把一样的爱,给所有的孩子。

(2) 人格健全、心理健康。相对于狭隘、自私、刻薄和偏激,教师对学生要有包容心,包括包容学生的缺点;对学生要尊重,包括言语行为和处理事情的方式;对待学生要平等,包括平等看待师生关系和平等对待每个学生。

(3) 学识深广。知识修养要从两方面努力:一要做专家,努力学习本学科、本专业的知识,掌握教育科学理论,青少年心理学等,懂得教育规律,在"精"和"深"上下功夫。二要做杂家,学习本专业、本学科以外的知识,如自然知识、人文科学等方面的知识,要多闻多见,多方涉猎,开卷有益,在"广"和"博"上下功夫。还要培养广泛的兴趣爱好,陶冶性情,开阔思路。

(4) 技能纯熟。一是使用普通话和规范汉字的能力;二是教育传导能力;三是设计、制作和使用教学用具的能力;四是具有终身学习的意识和能力。

基础教育课程改革强调基础教育要满足每个学生终身发展的需要,培养学生终身学习的愿望和能力。作为教师首先要有终身学习的愿望和能力,包括搜集和处理信息的能力、获取新知识的能力、分析和解决问题的能力,以及交流与合作的能力。

得体规范的风貌美

教师的道德修养、文化水平、审美情趣、文明程度等是通过教师的言谈举止和外表具体展现的。具体来说，包括仪容、仪表、仪态、谈吐等方面的内容。

(1) 仪容整洁自然。在人际交往中，每个人的仪容都会引起交际对象的特别关注，并将影响到对方对自己的整体评价。在个人外表中，仪容是重中之重。容貌包括头发、面容和体型。头发要勤于梳洗和修剪，这样有助于保养头发，有助于消除异味，有助于清除异物。面容是人的外貌中最动人之处，教师的面容也是学生关注的部位，因此面容的修饰尤为重要。男教师应养成经常修面剃须的良好习惯，包括修鼻毛，做到整洁大方；女教师的面容修饰主要是化妆。体型关涉到姿态美和衣着美，如一个中部崛起的人，无论是站、坐、行都会有缺憾。站姿的挺拔，坐姿的端庄，行姿的洒脱或轻盈，都会因体型的缺憾不能尽显风采。体形匀称，体现出健康、沉稳和活力。

(2) 仪表简洁端庄。仪表主要指衣着和妆饰要符合教师的职业特点。着装也是透视个人形象的重要窗口，体现人的性格、气质、文化及身份，更重要的是他的修养。如果衣着不整，连商场都会挂出牌子谢绝入内。衣服是用来衬托人的，不是用衣服显示人的富有和高贵。所以我们在挑选服饰是弄清人与服饰的关系，注意服装的选择，遵循着装的整洁性、整体性、职业性原则，彰显自己的仪表魅力。整洁的服装给自己以自信，给别人以尊重。应整齐、完好、干净，不允许有褶皱、残破、污渍印迹。比如女教师夏天穿的长筒丝袜，就要注意不要有刮破和褶皱。男教师的衬衫衣领和袖口也不要露出破损和污垢。着装协调才能展示美，这就需要精心搭配和整体考虑。如穿西装时穿运动鞋或布鞋，穿西服套裙时穿前后都露的凉鞋等都是不协调的，没有遵循约定俗成的搭配。按照社交着装中的"TPO原则"，即着装要符合时间、地点、场合 (目的)。我们要重视的是工作时间，作为教育者的身份的着装。基本要求是简洁、端庄。"简洁"就是不要张扬和烦琐;"端庄"就是衣着款式不要怪异,色彩不要过于花艳。

(3) 仪态优雅大方。仪态包括身姿体态、手势动作、面部表情等。作为人际交往中传递信息的一种方式,是内涵极为丰富的体态语,其作用不亚于有声语言。在这里我们先讨论体态语的要求,体态中"站"和"行"是教师常态姿势。站姿视觉效果是挺拔。基本要求是头端肩平,挺胸收腹。行姿以良好的站姿为基础,男士要稳健,女士要轻盈。坐姿、蹲姿要文雅自然,即文明优雅。[1]

---

[1] http://www.lwlm.com/jiaoyulilun/200809/159367.htm

/ 鲜明的职业意识

子曰:"知之者不如好之者,好之者不如乐之者。"即"懂得它的人不如爱好它的人,爱好它的人又不如以它为乐的人。"这句话言明了学习的三个层次。其实,教师的职业意识状态也有三种不同的层次。

"知"教者 /

不少教师,在教学的时候,既非内心自觉,又非贪图名利,完全是职务或者客观情势所强加的,或者仅仅是把它当作一种赖以生存的手段。这种状态下,工作就与苦差相差无几了。也许,开始的时候,他们还会常常抱怨工作的繁忙与辛苦,但是时间长了,就连抱怨也闲费力气。如果说他们也有目标和希望,短期的就是每月的工资,长期的就是退休后安享晚年。每一节课、每一天的日子,在他们那里,都成了毫无生机的负累,走一步少一步。这个负累一直到退休的那一天才能完全得以解脱,但是,完全解脱的那一天,作为"教师"意义而存在的他也就同时死去了。也许,每一个人在开始的时候都不甘以这种状态至终,而由于种种机遇、因缘的辗转才最终磨砺成了这个样子。可是,无论是经历了怎样的痛苦折磨,最终成为这样都是可悲而不可怜的。而如果当事者还蒙在鼓里、毫无知觉,则尤其可悲。

"好"教者 / 丶

我们不妨把此时的"好"理解为善于经营。此时的教是为了名利。其实,这里的名利未必就是一个贬义词，这是一种必要也是一种上进心的表现。比如，我们为了得到更多的荣誉、为了尽快评上较高的职称、为了成为名师之后享受更优的待遇而不断努力地工作、不断发掘自身的潜能、不断身心投入其中，虽然主观出发点上未必崇高，但是客观上也同样会创造良好的教育效果。在我们的事业生涯中，一定总有某一阶段需要这么一个"好"教的过程，也一定会经历这么一个过程，这是我们无需回避的。但是如果所有的繁华阅尽，必要的名利皆获，那么，此时，我们就要清醒地审视自己、让自己重新树立一个"自我发展与提高"的愿望了。只有有这样的意识转变，我们才能把自己的事业作为我们的生命果实来品尝。而倘若，我们永远只顾低头忙碌，那样我们的心灵就会一直被与事业相关的各种事物所充塞，那么，不管我们在事业上取得了怎样的外在成功，都只是损耗了我们的生命而已，而并不能真正品尝到收获的喜悦。

"乐"教者

这个层次已经成为了一种境界，不仅仅是能以"教"为乐，并且已经将自身融入其中，对于"教"有了一种对生命一样的虔诚。这里的"教"不仅指教授知识，还包含了传递人文关怀的理念。这样的"师"有一种大智慧的从容与闲适，也有一种平易近人的凝聚力，他走到哪里，就形成一个强大的磁场，所有人的心都被一种崇高、神圣的力量牵引着，他说的哪怕是极其简单的道理也能让聆听者恍然大悟、坚定信服，从而真正实现了"亲其师信其道"。这种境界，是不能靠聪明或者手段来达到的，也不是任何人能够从行动、语言等方面可以模仿出来的。这是一种积累、沉淀、提升的过程，除了潜心向此并点滴付出，丝毫没有捷径可走。这也是我们所有教师的最理想境界。也许，我们每一个人都不可能做到最好，但重要的是，我们都有一种"做得更好"的愿望并且能够虚怀若谷地这么去做。如果说从事教师职业或者其他任何一种职业，都是在走一条路的话，我们不应该在踏上这条路之初就抱着一种"我的任务只是要走完这条路而已"的心态。其实路本来就没有开始，也终究不会结束。我们在踏实走这一条路的同时，更应该用我们的热情和智慧把这一条路建设、美化成一条可持续发展的路。悉心种一路如苏堤六桥的春晓烟柳，让同行者能因我们的风景而不寂寞，让后来人能因我们的执著而心生探索。长此以往，教育之大道宏图必将前程似锦。[1]

/ 主体意识 /

教师主体意识，是指教师意识到自己在教育环境中的客观存在事实，意识到自己是教育工作和教育生活的承担者和主人。教师主体意识的觉醒就是教师真正做教育工作的主人，教师个体能够积极主动地投入到教育工作中，以健康向上的心态，充分发挥自己的主观能动性，创造美好的教育人生。根据哲学上的外因内因说，起决定作用的是内因。只有教师主体意识觉醒，方能使教师专业发展呈现积极主动、蓬勃向上的良好态势。所以，教师主体意识的觉醒，是教师专业发展的关键之所在。教师主体意识的觉醒，首先源于认识自己。

认识自我，关注自我 /

英国大作家莎士比亚说过"最重要的是：成为本真的你"。在雅典德尔斐神庙的门楣上刻着这么一句箴言：认识你自己。很多一线的教师，在长期从事教育工作的同时，失去了自我，沦为教育的一种"习惯化"的"工具"：为生存而教育，为教育而教育，为工作而教育，为功利而教育……当教师成为一种教育"工具"时，教育就成为教师身

[1] 转引自网易博客——张立心的日志——教师的职业意识.

上难以摆脱的"阴暗"的宿命，成为教师心灵上的枷锁和镣铐！

于是，我们的教师，在教育的心灵牧场上，收获了更多的沉重和哀叹；我们的教师，成为日复一日推巨石上山的西西弗斯。请看，在教育之路上，不同的教师，有不同的行走姿态：有的，自己只顾埋头赶路，不择方向，不辨路况，一味往前，像寓言《游到唐古拉山的虾》一样，虽然很勤奋、很卖力、很执着，最终也游出了很远的路程，却在到达雪山的那一刹那，冻成了冰块；有的，唯唯诺诺，唯书唯上，迷信权威，让自己的头脑成为别人思想的跑马地，最典型的，莫过于模仿名师了，可惜名师终究是名师，模仿得了其形，却始终难以模仿其神，到最后，邯郸学步者，连自己的步法都忘了；有的，在十字路口，茫然四顾，不知所措；有的贪恋路旁的风景，忘记赶路的使命；有的惧怕奔波的辛劳，走走停停，无心向前；也有的，肩负神圣的职责与使命，胸怀阳光、梦想、勇气和信念，睁大了智慧的双眼，追寻行走生命的意义、方向和路径，哪怕荆棘曾经刺伤过自己的双脚，也阻挠不了前进的步伐，哪怕暴风雨曾经袭击过稚嫩的翅膀，也扼杀不了飞翔的向往……你属于哪一种教师？在与学子朝夕相处的一个个片段中，你是否感受到：那是生命中不可重来的过程？那是师生共享的一段段美丽的生命之旅？在这么美好的天堂花园中自由徜徉，是在浑浑噩噩中度过，在茫茫然中迷失，还是自我唤醒，认识自我，找回自我，重塑自我？让我们一起觉醒，一起上路，尝试着寻找自我。

——唤醒自己：我是谁？从哪里来？要往哪里去？

——追问自己：我正在或准备以什么样的姿态行走？今天，我们究竟怎样做老师？

——反思自己：我到底在为谁而教？我正在为什么而教？

——解剖自己：我每日是否过得充实，是否感觉幸福快乐？我是否给了莘莘学子幸福快乐，我是否指引他们寻找到快乐的源泉和幸福的人生奥秘？

——重塑自己：我找到了适合自己的位置吗？我该怎样调整自己的心态，去创造美好幸福的教育生活？[1]

顿悟教育，唤醒自我 ╱

回顾自己的觉醒历程，似乎是在一刹那间，不经意间的某一个时刻，突然明白了以前不能明白的很多东西，有恍然大悟的感觉。这就是顿悟。同样的一些教育语词，同样的一个教育环境，同样的一次教育事件，同样的一位教育对象，在自己的眼里，有了不一样的理解和感受。这个觉醒的历程的源头在于顿悟教育，源起于自己对教育的学习和思考。不断的学习，不断的思考，持续地观察教育生活，使我们拥有了一颗敏感的心，拥有了敏锐的教育视角。这其中，除了以前所参加的种种培训和自我的进修学习经历发挥了奠基的作用外，不能不提到网络教研。

南安市教育局在成长博客上专门成立了南安教师博客群组，不少中小学开辟了网络教研论坛，许多教师加入了博客群组，建立了自己的博客。教育局的博客和中小学的论坛，为教师提供了一个交流和互动的良好平台。很多人坚持天天撰写教育日记，把自己的教育感悟和教育故事，发表在论坛和博客上。在这些真诚互动的空间里，青年教师灵魂轻盈起舞，开始用心去书写教育人生，同时向各地的优秀教师、专家学者学习。网友们的鼓励，使他们坚持，并进而养成了习惯。日日思考，天天动笔，不到一个月的时间里，就撰写了几十篇教育日志，开始关注教育中的微小细节，懂得了用敏锐的眼光捕捉有意义有价值的教育事件。这个时候，再来看教育，看人生，境界已经完全不一样了。就像一个人爬山，爬到了一定的高度，此时所看到的风景，内心的感受，跟以前

[1] 林周毅.关注主体意识觉醒，促进教师专业发展[J].基础教育课程杂志.2006，(1).

相比就大不一样。

重建"巴别塔"，超越自我 ╱

"巴别塔"是古巴比伦人兴建的一座通天高塔，有关这座塔的故事出自《圣经·创世记》，说的是大洪水之后的人类不自量力，想建造一座"通天塔"挑战"上帝"。结果，由于"上帝"扰乱了人类的"语言"，人类失败了。没有建成巴别塔的人类，只能依赖、信仰"上帝"。认识了自我，觉醒了自我的教师，就像圣经中的古巴比伦人一样，也想兴建一座"巴别塔"。这座巴别塔，是通向教育"天堂"的通天高塔，是通向自由美好教育境界的高塔，是通向理想教育的乌托邦之塔，是教育"朝圣者"的心灵之塔。

为了重建教育的"巴别塔"，先知先觉的教师群体，只有不断超越自我，赶超昨日，做教育的先驱和先行者，为后来者劈波斩浪，砍除荆棘，方能有更多的追随者和拥戴者，"巴别塔"的重建之日，也就为时不远。就像博客和论坛，就是在为重建"巴别塔"而打下的一根根奠基之桩，就是在教师的专业发展上，播下一颗颗日后长成"参天大树""教育精英"的种子。从来没有"上帝"的存在，未来靠我们自己拯救自己。改变我们所能改变的，从我们能改变的地方做起，让我们携手并肩。

目前，新课程实施存在一定的误区：教师被动地接受教育理论，课程改革、专业发展等相关培训，教育部门和学校往往采用自上而下、行政命令、理论灌输的方式进行。教师的主体性没有被尊重，积极参与的意识，往往成为游离于教师主体之外、与教学生活脱节的外在之物。新课程改革的根本需要教师主体意识的觉醒，让教师在思想深处从陈旧的教育观念中解放出来，成为新课程改革中的主体，充分发挥自身的主动性、自主性、创造性。

主动性

传统的教学理论认为，课程（包括教材）是学科专家关注的事，教师无权也无须过问，教师的任务就是教学。也就是说，教师只是既定课程的阐述者和传递者。而新课程则需要教师由机械的阐述者向课程及课程资源的开发利用者转变。从原来抱着现成的大纲、课本、教学参考书、练习上课，到变成自己必须参与课程建设的决策和实施，去从事以前"专家"才能涉足的领域。这就要求教师必须积极主动地投身于新课程改革的大潮中去，扮演双重角色：教师和研究者。这就是说教师不仅仅承担课程实施的任务，还承担课程研究和编制的任务。教师也应该有一个"主动性"问题，没有教师的主动性，就没有学生的主动性。

显然，新课程培训要突出以教师为中心，尊重教师，把教师当培训的主体对待。因为教师不是简单的学习者，也不是被动的受训者，而是自主合作的参与者。只有当教师成为培训的自觉主动的参与者时，培训才可能成为有效的活动。把教师当培训的主体对待，体现在培训全过程中要求培训者始终尊重教师。在培训工作效果评价上，对培训全过程的管理水平、课程计划的针对性、授课质量的高低、培训形式的多样性、培训的实效性等问题，给予教师充分的发言权。教师积极的、理智的、主动的改革，是课程实施成功的基本保证。所以，我们必须尽最大可能地发挥教师的主动性，鼓励每一位教师身体力行地参与新课程决策和实施，使每一个教师都能发挥应有的作用。

自主性

自主性通常从心理结构上反映出来的是人的自主意识、自主能力。自主意识是一个人对自我意识水平，能否客观地作出自我评价，对自己的特点能否准确认识把握等。自主能力是一个人对自我的调控和支配能力。自主性是促进人全面充分发展的人格基础，更是创新行为赖以产生的人格基础。试想没有独立自主的人格，事事都要依赖他人，就不可能有学习和发展的动力，就不能有自己的独立见解，更不可能有自觉的行为。可见自主性在人的素质结构中所处的重要地位，它在人的发展中起着基础性的作用。

　　与自主性的概念相对照，教师的工作自主性究竟处于什么状态呢？现在很多时候，中小学的教师都处于被动应付状态：因为评教，所以要迎合学生；因为考试，所以要迎合教材；因为升学率，所以要迎合学校；因为学生就业，所以要迎合社会的需要。一个人的时间与精力是有限的，过多的事务性工作与过量的被动的精力投入几乎占据了教师所有的时间与空间，磨灭了教师的教育理想与追求，挤压了教师自主发展的空间。因此，在实施、推行课程改革过程中，他们可能成为课程改革的主力军和促进者，也可能成为课程改革的最大障碍。

　　随着新课程改革的不断深入，在教学过程中注重培养学生的自主性，让学生成为学习的主人，已成为教师在教学实践中努力去实现的目标。以此类推，在教师的工作以及专业成长过程中也应该充分发挥其自主性。只有让教师成为教学的主人，才能有利于新课程精神与教育行为之间的转化，才能有利于最大限度地调动教师的工作热情，有利于教师各种潜能的开发。

　　作为课程实施者，也就决定了教师在课程中有绝对的发言权。如校本课程内容的选择并确定，其最为重要的原则就是要符合学生的身心发展规律、符合学生的生活经验、符合学生的学习特点。显然这些原则的贯彻和体现，第一线教师最有体会，教师的意见最有说服力。在一纲多本、乃至多纲多本的课程体制下，教师在一定的教育规律和教育原则指导下，结合班级实际，因地制宜地选择课程方案、教材实施教育。这是教师应有的权利。学校在对课程的执行过程中，应允许教师自主地工作，充分发挥他们的聪明才智，发挥他们参与课程开发的能力，只有这样，才能使教师发现工作的兴趣和价值，享受工作的满足感和成就感，有效地将管理的"他控"变为"自控"。教师是落实课程计划、执行课程标准、使用教材的主体。[1]

创造性

德国著名心理学家戈特费里德·海纳特曾指出，"倘若把创造力作为教育的目标，那么实现的前提就是要有创造型的教师"。由此可见，实施新课程改革，教师创新作用是关键。

(1)创造性使用新教材。这次课程改革力图改变课程几乎被学科专家"垄断"的局面，逐步从专家制定课程走向教师开发课程。新课程在教学的广度、深度上给教师留下很大的创造空间，多用"范例"来体现教学目标和任务，要求教师要结合本地实际进行选用或重建。新教材再不是传统意义上"指令和规定"的教学内容，正确的认识转变教学行为需要教师付出艰苦的创造性劳动。没有教师对教材的精心分析和"再创造"，就不能跳出照本宣科的教书匠工作模式。如果教师仍然用"照方抓药"的老办法教新教材，结果必定是"新瓶装陈酒"、"穿新鞋走老路"。拿着新教材上课的教师，不一定都能体现新课程的要求。只有教师提高对新教材的开发能力、对教材的再创造水平，才是保障课程改革质量的关键。新课程实施要求广大教师改变"课程的传递者""教材的依附者"的被动角色，要成为"课程"的开发者，成为"文本课程"走向"体验课程"的促进者。

(2)创新教学思路。教师只有充分发掘自己的创造力，主动吸纳新思想并不断创新教学思路，才能在新课程改革中成为一名优秀教师。而创新教学思路不是一蹴而就的事。创造不是胡编乱造，新思想也不是标新立异，更不是故意"作秀"。新课程反对假借"学生为主体"，使课堂教学随意化和简单化；也不允许为了"包装"一两节公开课而牺牲常规课的"优秀"行为。教师只有扎扎实实地研究教材、研究学生，发现激发学

[1] http://jcjykc.cersp.com/Post/ShowArticle.asp?ArticleID=1607

/ 人本意识 /

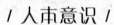

现代管理学告诉我们，人是管理中的首要因素。因此进行任何管理活动都必须树立人本观念。所谓"人本"，就是以人为根本。管理的人本观念，是指管理主体在管理实践中确立，并运用于管理实践的一切都从人出发，以人为根本，旨在调动人的主动性、创造性和积极性的思想观念体系。

学校管理必须要以人为本。这也是学校管理的特殊性决定的。学校的根本任务是培养人才。教师在学校管理者的管理下开展教育和培养学生的活动，教师直接担负着向学生"传道、授业、解惑"的重任，是提高教育教学质量的根本保证。所以学校管理的起点和归宿是人，学校管理的成功和失败也取决于人。学校管理者既要把教师看作是管理的对象，更要把教师当作学校管理的主体和学校管理的根本力量。这就是以人为本的意识。大量事实证明，倘若只把教师看作是管理的对象，处处管字当头，就很难真正尊重教师，就不可能真正调动广大教师的积极性，很难发挥教师在学校管理中的主体作用。只有当自己制定的管理目标被教师认同，自己的管理意图被教师理解并接受，自己提出的管理主张和措施与教师们的教育教学实践真正结合了的时候，学校的各项管理目标才能真正实现。学校管理的教师以人为本意识反映在其工作实践中主要有三种表现形式。其一，要正确处理好做好教师工作和其他工作的关系，自觉地把工作重心放在做好教师工作上。其二，做教师工作时，重在建设，能把对教师的培养、使用与管理有机地结合起来。其三，建立健全教师激励机制，积极创造条件满足教师生活、工作、心理等方面的合理需要，努力造成一种干群团结和谐，教师爱岗敬业、奋发进取的心理氛围和工作环境。

要辩证地看待激励和约束的关系　其一，要调动一切积极因素，形成团结，激励士气，同心同德，朝着一个目标努力的氛围；其次，在朝着共同目标前进的过程中，要坚持原则，防止和消除内耗的现象，必须有一定的约束。其二，人的管理首先是人心的管理，要激发人的潜能。任何人在感情上都需要尊重、信任和理解，当教师受到尊重、信任和理解时，他们才会自觉遵守规章制度，自觉接受约束。校长要从调动教师的积极性、能动性着手，采取多种激励手段，如目标激励、荣誉激励、信任激励、情感激励等，多为教师提供实现志向和发挥才能的机会，多给教师一些"感情投资"。其三，激励和约束要从领导自身做起。学校领导要积极工作，自觉地遵守学校各项规章制度，在教师中起表率作用。要建立健全学校领导自我约束机制，自觉接受组织和群众的监督。学校领导应当置身于群体的约束之中。只约束别人，不约束自己，是领导不好学校的。要完善学校规章制度，既要有约束性的，也要有激励性。约束性如：教师教学常规要求、各类岗位职责、师德规范等；激励性如：先进教师、优秀班主任评选制度、教育教学奖励条例、先进教研组评比制度等。规定规章制度，往往注重约束性，而忽视激励性。校长应注意这个问题，建立和完善激励与约束相结合的规章制度，形成合作与竞争相互促进的有效运行机制。

要正确处理服从与协调的关系　人际关系的处理往往有两种不同的态度：一种是一味要求下级服从，强调教师听话；另一种是讲究民主，注意协调，以协调促服从。我们认为后一种才是正确的态度和理想的境界。处理好的人际关系，首先应当努力建造一个共同的思想基础，树立一个共同的奋斗目标。和谐的人际关系，在于有一个共同的思想基础和奋斗目标。校长要根据学校实际情况，以实现学校近期、远期奋斗目标，作为处理人际关系的共同基础。处理好人际关系的关键在于一个"诚"字。也就是说，校长必须真诚地关心爱护教师，以诚相处，以理服人，经常诚恳谈心，交换意见，尊重他们的人格和劳动成果。还应该进行心理互换，将心比心，设身处地地考查教师在工作、学习、生活上的问题，随时注意调节各方面的关系，使教师心理平衡、协调配合。要处理好人际关系，就不能搞亲疏关系，也不能耍手段，搞权术，更不能拉帮结派。这样做，只会破坏人际关系的协调。

要注重教师的使用和培训的关系　教师队伍的培训提高是办好学校、搞好管理、提高教育教学质量的关键。必须重视培养教师，不断提高教师的德、识、才、能。

培训是为了更好地使用、充分发挥人的潜能。校长必须确立"实施素质教育,首先要提高教师素质"的观念,识趣分析本校教师素质状况,把培训教师列入重要议事日程和工作计划,有专人负责。

要正确认识求同与存异的关系　在做教师工作时,难免会产生各种矛盾冲突,对此我们在处理具体问题和局部问题的方法上可以灵活,在方向问题和带着全局的问题上必须坚持原则。一所学校,思想工作做得再细,管理制度再好,矛盾和不同意见、不同看法总是存在的,这是正常现象。教师的思想多种多样,个性也是各不相同的。但根本在于校长能否坚持在大事上讲原则讲求同,不怕得罪一些人;在小事上,容人之短,谅人之过,允许求异。平时要注意了解教师的工作特点、心理特点和个性特点,讲究管理艺术,处理事情能形成一个既有全局上的同、又有局部的异,既有整体的统一、又有个性发展的良好的局面。[1]

/ 责任意识 /

责任意识,是从事一切工作的首要条件。教育工作的性质、任务要求教师不仅要具备合理的专业知识结构和较高水平的专业技能,更须具备强烈的责任意识,这是做好教育工作的前提条件和根本保证。

教师责任与责任意识 /

责任,根据《汉语大词典》的解释,有三种含义:使人担当起某种职务和职责;分内应做的事;做不好分内应做的事,因而应该承担的过失。圣埃克苏佩利有句话:要

38

---

[1]　http://www.chinaedc.hk/a/guanli/jiaoshig/2011/0628/2808.html

做人，首先就得承担责任。人类社会中的每一个成员，都有自己责无旁贷的社会义务和职责范围。由于扮演的社会角色的不同，其承担的责任也有所不同。作为一个普通公民，有他的基本责任，如社会公德、保守国家机密、维护民族尊严等；作为一个专业人员，又有其特殊的责任，如医生对病人的救死扶伤、军人对国家的安全保卫、教师对学生的教书育人等。由于一个人同时扮演着多种角色，因而其责任也多种多样。

根据我国学者的研究，教师的职业角色主要有："传道者"角色、"授业、解惑者"角色、示范者角色、管理者角色、父母与朋友的角色、研究者角色。由于职业角色的丰富多样以及社会期望的不断提高，赋予了教师不可推卸的历史责任和社会责任。因而，教师的责任向来被看得异常的神圣和凝重，因为他的工作与儿童、与未来息息相关，与人类文明的传承息息相关。教师的劳动推动了历史的进步，伴随着历史的进步教师职责的内涵也不断发生着演变。在18世纪，限于社会生产力及科学发展水平，教师只是作为保姆的形象出现的，她的职责就是负责儿童的安全、营养；到了20世纪中叶，知识具有绝对价值，因而教师的职责演变为以传授知识为主；当历史进入20世纪末，现代科学技术的突飞猛进，社会对人才规格的要求提高，加之人类对自身的认识更加科学化，教师的职责发生了新的变化，即不仅要保障儿童的身体安全，还要保障其心理健康；不仅要传授知识、发展智力，更要促进儿童良好的行为、人格和情绪、情感的发展，培养其良好的社会适应性，引导儿童获得主动的全面的发展。因此，当代教师所承担的责任更加重大，他的工作对于社会的发展也越来越重要，每一个教师都应当对此有非常清醒的认识。

责任意识，指个体对于自身所应承担的责任及其要求的觉察与认识，诸如对责任的内容、范围、意义的理解，对自己履行责任情况的觉察、反思等等。如果说教师责任是历史和时代所赋予的，具有客观性的话，那么教师责任意识便是教师主体作为一种社会角色所应当具有的精神境界，具有主观性。教师在教育行为的启动、维持、调节过程中，责任意识必须参与其中，在教师与儿童的交往过程中，对于应当做什么，不应当做什么，应当怎样做，不应当怎样做等等方面都必须有非常清晰的认识以及完善的自我调节系统，从而保证与教师角色相应的责任行为，而不能凭一时的冲动，自发地、盲目地施行。可以说，教师责任意识是激发责任行为、提高教师素质、实现教育理想的中介环节，是连接理论和实践的桥梁。当今社会是一个价值多元化的社会，种种诱惑与机会，给人们带来的心灵震荡是巨大的。在这种形势下，研究教师的责任意识的重要性和迫切性便更加凸现。

教师责任意识的构成与层次 ╱

对教师责任意识的分析可从两方面着手：一是对责任意识的构成的分析；二是对责任意识各构成要素之间相互关系的探讨。责任认知、履行责任的自我评定、责任行为调节三者之间相互作用、相互依存，共同构成教师责任行为监控机制，并且贯穿于教师教育行为的全过程。

教师责任意识的构成　教师的责任意识由责任认知、履行责任的自我评价、责任行为的调节三部分构成。

第一，责任认知包括对责任的内容、意义、价值、社会期望及要求的认识和掌握，这是教师责任意识的基础部分。教师对其应当承担的责任的内容、范围、重大意义的认识、理解、接受的水平直接影响着教师的行为。责任内容的全面性、细致性，要求教师的责任认知不仅仅是一个了解或知道的问题，还需要有意识地培养、提高，内化为教师自身认知结构中的一部分，将外在的要求内化为自身的价值标准，并由此产生积极的情感，落实到具体的教育行为之中。

第二，履行责任的自我评价，指教师对其履行职责的行为状况的反思与自我评价及态度。这是教师责任意识的重要部分，因为正确、适宜的自我评价对个体的心理活动、行为表现、职责履行与角色承担情况有很大影响。这种评价，以评价者原有的责任认知为基础，对自己行为的过程、性质、策略、效果以及对他人的影响等方面进行分析，作出肯定或否定评价，产生维持行为的动力以及控制、调节行为的依据。

第三，责任行为调节是自我评定的结果在具体教育活动中的执行。如果说责任认知是教师责任行为的基础的话，那么，教师对其履行职责状况的自我评价则直接影响着教师责任行为的调整与完善。教师通过对自己履行职责状况的评定与反思，反馈给原有的认识与价值标准体系，维持或更改目标，指导与修正着自身行为，使之与教师的价值标准及社会对教师的期望更吻合。这是教师教育行为目的性、自觉性和成效性得到发展和提高的重要保证。

教师责任意识的层次 根据自觉性水平可将教师责任意识划分为三个层次，即自控层、他控层、无控层。

第一，自控层，这是责任意识的最高境界。责任意识各构成要素形成最佳组合，教师能够控制自己的行为，并做到随时反思与调节，使责任行为达到自动化。责任意识达到这一层次的教师，有崇高的教育理想，对于自己所应承担和应履行的责任有非常清晰、明确的认识和深刻理解，有强烈的责任意识及付诸于实践的强大动力，将促进儿童发展、推动社会进步视为己任。在实践中，自我监控、自我教育，使行为与社会的准则和期望相符合。我们的许多优秀的教育工作者，他们为了祖国的教育事业，自觉自愿、尽心尽责，奉献出自己毕生的精力，成为人们学习的榜样。

第二，他控层，这是责任意识的中级水平。责任意识各构成要素的组合未达到统一、有序，教师缺乏自我监控能力，自制力水平较低，责任行为来自于外部的规范和要求。责任意识处于这一层次的教师，无自觉的教育行为，他们的教育理想与教育实际相冲突，常会发生的一种情况是：教师也许知道自己的职责范围，能够对自己的行为进行比较恰当的评价，但是相应的教育行为还需要外界的监控与提醒，包括严格管理、校长指导等。

第三，无控层，这是责任意识的低级水平。责任意识构成要素残缺，教师缺乏对自身职责的正确、全面的理解和掌握，行为完全以利己为出发点，对学生不负责任，为了自己的目的，不惜以损害学生的利益为代价。责任意识处于这一层次的教师，对自己应尽的职责不明或者根本不考虑，甚至抵触外界的督促与指导，更谈不上对自己的行为进行主动的自我评价，以求调整和提高。现实中这一部分人并不是一个小的数目，许多学生不愿意上学校与这种情况有直接关系。因为学生在学校中受到压制、训斥，甚至身心的惩罚远远大于本应属于他们的那份自由、温馨与欢愉。更有甚者，由于一些不负责任的教师的错误的行为，对学生一生的发展造成了不可弥补的伤害。

教师责任意识形成的心理过程及影响因素 /

教师责任意识形成的心理过程　教师责任意识的形成过程是一个由外部要求内化为教师自身需要的过程，是一个社会期望与教师现有水平之间的矛盾运动过程，是一个由低级到高级的认知过程，是教师的责任认知由表层到深层、由模糊到清晰的过程，是教师责任意识由外在要求内化为自身需要的转化过程。这个过程包括感知、理解、接受三个阶段。

第一，感知阶段是责任意识形成的初级阶段。在这一阶段，教师对于自己的社会角色及社会对教师的期望、对于自身职责的范围、内容及具体要求有了初步的感性认识，解决了一个"是什么"的问题。感知的清晰度、准确性及全面性将决定教师对其职责的正确理解及责任意识的建立。在这个阶段,教师虽然知道责任行为的标准,但具有表面性,并未完全理解与掌握,更无自觉的责任行为。

第二,理解阶段是责任意识形成的中级阶段。在这一阶段,教师经过深入思考,领会其责任的实质及对社会、对儿童发展的重大意义,懂得自己所投身于其中的事业是人生幸福的源泉和人生价值体现,解决了一个"为什么"的问题。理解是责任意识形成的关键,因为理解的深刻性与积极的情感体验密切相关,与强烈的责任意识的形成及责任行为的唤起密切相关。这时尽管教师能够抓住其职责的实质及社会意义,但相应的责任行为的激发还需要外界的监控与管理,特别是在遇到困难及条件发生改变的时候。

第三,接受阶段是责任意识形成的高级阶段。在这一阶段,教师将外在的要求内化为自己的需要,将社会期望内化为自己的需要,是在前两个阶段基础上的质的飞跃。这时,教师具备了强烈的责任心和义务感,具备了自我监控和解决冲突的能力。在任何情况下,都能够忠于职守,严格要求自己并履行职责,将社会利益、学生利益放在第一位。

教师责任意识的影响因素

第一,社会背景。人总是生活在一定的社会之中,生活于特定的生产方式、经济基础以及以此为基础而建立起的意识形态之中,并由此形成相应的观念、态度、行为方式。社会对人的影响是巨大而深远的,可以说,每一个人的价值观念、行为标准无一不受制于特定的社会背景。有什么样的社会环境,就决定了什么样的社会观念。在一个倡导竞争与合作的公平的社会背景下,容易鼓励、要求人们积极进取,强化人们的责任意识;在一个仰仗权力与地位的畸形的社会背景下,容易挫伤、削弱人们的责任意识。

第二，学校环境。相对于社会大系统而言，学校是一个直接作用于教师责任意识的完整的小系统。这个小系统的文化氛围、社会气氛、舆论以及人际间相互关系对教师的影响是直接而深刻的。这里的环境包括物质的、显现的环境，如学校建筑、绿化、教室布置、各种活动区等，也包括精神的、潜在的环境，如传统、风气、观念、人心向背等，当人们置身于这个特定的氛围之中，便会深深地感觉到、体验到，并受之调控，形成与之相应的认知、态度与行为方式。教师对自己教育行为的评价与调节，与此有着直接的关系。教师不仅通过个人的心理活动，还参照社会上其他人，尤其是那些与自己的地位、条件相类似的人的比较来评价、调整自己。因此，必须十分重视学校中同事之间的关系以及整个学校的文化氛围。一所文化建设搞得好的学校，催人向上，教职员工们有一种对社会、对孩子、对自己负责的强烈的责任意识。一个毕业生能否成长为一名优秀的教师，其中有一个重要因素就是他所处其中的环境是一个怎样的环境，尤其是人际与精神环境。

第三，校长管理。责任意识作为一种内隐的心理活动，具有复杂性与多变性，需要外界的引导与激发，这种外界的动力来源于校长的才能、智慧，来源于校长的人格魅力和管理的艺术。而校长的良好的管理，一方面靠校长自身的影响力，另一方面靠建立健全的规章制度。学校各项规章制度的建立健全，是强化教师责任意识的一个重要方面。作为校长，既应当时刻强调教师责任的重大意义，同时，还必须采取得力措施，通过建立健全各项规章制度，特别是在对教师的评价、晋职及奖惩等各项工作中，强调责任意识和责任履行情况，鼓励提倡责任行为，批评否定非责任行为，对于那些由于不负责任而出现的问题应充分重视，及时处理和加强教育。

44

第四，教师素质。如果说社会环境、学校环境、校长管理对于教师责任意识的形成和强化只是一种外在的条件的话，那么教师本人的素质则作为内在动力起着决定性作用。教师自身素质中与其责任意识有密切相关的主要因素有学识、修养、教育观念、专业能力等。学识指文化素养、专业知识、专业经验等，是从事一切职业的前提。从教师这个职业来讲，也同样必须具备相应的学识水平。以专业知识为例，教师文化水平的高低，与其对自身职责的范围、内容、重大意义的理解与执行情况成正比。也就是说，文化水平越高，对其职责的了解、理解越深刻，认识越全面，越能够唤起相应的责任行为。修养，指教师的职业道德、人格品质、性格特征等，从根本上制约着教师责任意识的形成及其水平的高低。以人格特点为例，一个人格发展水平高的人，对自己的思想、行为等的评价是客观的、恰当的和富有建设性的，能够正确认识自身的责任，因而对良好行为的唤起具有调节意义。从教师这一职业来看，由于他们的工作对象是身心正处于发展阶段的儿童，教师的人格显得尤为重要。不仅要加强外在监督和管理，更要重视教师健全人格的培养，并将其作为教师培训的一个重要内容，这有利于强化教师的责任意识。可以这么说，一名优秀的教师，首先应当是一名人格高尚、完美的人。此外，教师的教育观念、专业能力也影响到教师的责任意识及其责任行为的调控。

如何强化教师的责任意识 ／

要身体力行，以人育人

要从课堂做起，从小事做起；要求学生做到的教师自己先要做到，并且要做得更好。例如，教师要求学生不迟到，不早退，上课认真听讲，积极思考，认真完成作业，讲文明、有礼貌等等，但在教师对学生有所要求的同时，学生对老师也有所期望，那就是严谨，认真，有学问，有修养，热爱学生，业务水平高，课上得好，尊重学生，处事公正等等。也就是说，师生双方应该是平等的、互相配合的，这就要求教师必须学为人师，身正为范。教师在学生眼里是完美的化身，是榜样，教师的一言一行都受到学生的关注。因此教师的人格对学生的影响是巨大的，甚至是终生的，尤其是教师不良的行为所产生的负面影响更是无法挽回的。

要不断提高自己的专业知识和业务水平

首先要有扎实的专业理论水平。对所教课程的内容要非常熟悉，从教材、体系到知识点等都必须了解、掌握，上课能够做到驾轻就熟，深入浅出，难易恰当，重点突出；对学生的回答能及时做出明确的判断，不能模棱两可，这就要求我们要不断地充实自己，不断地学习。其次，要有好的教学方法。作为教师来讲，怎么教是一个很重要的问题，好的教学方法能够吸引学生的注意力，培养学生的学习兴趣和积极性，使学生得到启发，思维能力得到锻炼，从而能够自主地学习。再次，要有比较宽广的知识面。教师如果没有比较宽广的知识面，就不能游刃有余，也不利于拓展学生的思维。

要关爱学生

一是关心学生的思想。要利用课余时间与学生进行交流、谈心，了解学生在学习、生活等方面的情况。从中知道学生在想什么，需要什么。二是关心学生的学习。当学生学习上遇到困难，要及时地、耐心细致地辅导，坚持让每一个学生都得到发展。[1]

∕ 竞争意识 ∕

北京师范大学校长钟秉林教授认为，好教师当有竞争意识、国际视野。只有把自己放到竞争环境中去磨炼，才有可能脱颖而出。激发教师的竞争意识，主要涉及四个层面。

寻找教师竞争意识部分缺失的深层原因 ∕

在教师群体中，有竞争意识的教师实在太少。通过和大多数教师的交流，我们发

[1] http://www.cnki.com.cn/Article/CJFDTotal-XQJY200102015.htm

现他们的竞争意识的部分缺失各有原因。有的教师心思根本没有放在教育教学上；有的教师则为了生计而立守"中庸之道"；还有部分教师由于个性原因而不喜欢显山露水；更有一些教师由于对某些所谓"竞争"或心存顾虑或"看破看透"而无意追名逐利。作为学校的管理者，要想让教职员工积极工作，必须关注教师竞争意识部分缺失的深层原因。透过形形色色的原因，我们发现有两点是共同的：一是对竞争的误解；二是缺乏职业认同和职业精神。

在很多的地方和领域，都把竞争当成了"你死我活"的拼打。而一些领导正是看到了他们拼打的过程带来了一股向上的气息而不遗余力地去推动竞争。这样的后果，成就了一批教师，却无意中扼杀了其他人进步的动力。原因是整个过程把竞争的矛头指向了他人与外界。在教育界，实在是应该提倡和树立"和自己竞争"的观念。在以他人为竞争对象的学校，同事间的关系是微妙的和缺乏团结的，学校也缺乏保持优势的长久竞争力。竞争的本意是让我们积极进取、群芳斗艳，竞相迸发、争先恐后，而不应该是打败别人，把别人踩在脚下。寻找教师竞争意识部分缺失的深层原因，必须要从他们的职业认同和职业精神入手，增强其职业认同感，提高其职业精神。

确立每一位教师积极进取的关键点并发扬光大 ╱

其一，从宏观角度，帮助每一位教师做详细的职业规划，促其事业不断成功。其二，从微观角度，根据教师个人的实际情况，找到他的兴趣点、投入点，不断用管理的手段将其推向前进，给他物质和精神支持，将其进取精神发扬光大。其三，从业务能力角度，让教学能手和有教学潜力的教师以课堂为职业生长点，取得课堂教学成绩的同时做好课堂教学研究；让班级管理能手和适合担任班主任工作的教师以班级管理为舞台，唱好德育管理这台戏；让热爱学校和有管理潜质的教师以工会工作为平台，使其参与管理与服务工作；让喜爱科研的和舞文弄墨的教师在科研的空间尽情挥舞。其四，从年龄角度，给年轻教师提供宽松积极的学校文化氛围和学习的榜样，给他们表现的机会和指导帮助；给中年教师提供施展技艺的空间，提供和辛劳付出相当的薪金报酬，提供学习、提高、交流的机会；给老年教师以无限的尊重和重视，让他们在指导、示范、展现中看到自己的价值，帮助他们总结经验、提升层次。其五，从个性角度，让外向的教师在积极进取中大放光彩的同时，让内向的教师发出醇香，共同构建繁荣向上的和谐校园。

激发教师的竞争意识，应该以人为本，关心每一位教师。校长如果只从教师整体出发制定措施，而放弃或无暇无力去关心每一位教师的发展，那他无法真正实现有效的教育管理，同时也会导致一些学生无法得到有效的科学的教育。要求教师爱学生，走进学生心里，对学生因材施教，校长首先必须爱老师，走进教师心里，对教师因人而管。激发教师的竞争意识，要确立每一位教师积极进取的关键点并发扬光大。

用科学民主的机制保障教师的竞争意识不致受挫 ╱

其实，几乎每一位教师都有曾经奋发向上、积极有为的时期，不管这个动力是来自于外界的压力，还是自己内在的进步需求。可是，为什么他们中大多数都没有坚持下来呢？排除各种个人原因，有些学校的管理机制上不够科学民主也难辞其咎。有位教师在谈到为什么拒绝参加教学比赛的原因时说，有一次自己精心准备了一节课准备参加市里比赛，在学校内预赛中成绩很好，可是学校上报的却是另一位教师（教育局某领导亲戚），于是积极性受到严重打击。后来甚至同类活动还没有开展就已经知道结果了，更没劲了。实际上，有多少主观性评价强的比赛很客观呢？不少学校评优、评先、职称评定等事项上的规定和操作都没有起到积极的效果，反而成为一些领导手中的权钱交易工具。在这种环境下成长的教师能够保持不断追求教育理想的定是凤毛麟角。试想，当学校管理实现了民主，教师在学校有主人翁的感受，他们能不真正焕发蓬勃激情吗？

如果学校的管理很民主，如果学校的运行机制很科学，如此使教师积极性受挫的情况可能会很少见。在我们周围，有许多影响教师竞争意识的类似问题。如某校规定，在各类论文评比中获奖者，可以持获奖证书到学校领取不等奖励；对于在各类报刊上公开发表的不予奖励。稍微有些常识的都知道，哪一种更应该获得奖励。想想，在这样的学校中怎么提高教师教科研的兴趣？有的学校的毕业班由于被少数教师"常年把关"，大多数教师对教学的钻研程度大打折扣。激励机制不合理，干多干少一个样，几人多干？干与不干一样，几人愿干？更有甚者，干工作不受表扬，老受批评，不干的则旁边快活、同样分粥。这样的机制恐怕是教师积极性的杀手锏。管理者们需要不断反思管理行为，去制定和落实科学有效的运行机制，这样才能调动教师工作的积极性。

用文化和精神引领教师不断追求 ／

走进百年老校和稍有历史的名校，让我们感受最深的是浓郁的文化底蕴和文化氛围，那里的一切都深深打上了它的文化印记。就像"团结、求实、务实、奋进"等诸多校训，在其他很多学校里，我们感到它们只是写在墙上的标语，而在老学校和名学校里，却能够切实感受到它们的存在，并且充盈整个校园，学校的教师也在举手投足中散发出积极的情怀。市场经济的发展带来了物质富裕的同时，也让我们更加浮躁。因为浮躁，我们失去了文化和精神润泽，师德、学问、精神面貌都没有完全抵制世俗的诱惑。激励教师的竞争意识，必须克服市场经济的竞争意识，以和谐的理念、深邃的文化、向上的精神面貌形成代表中国教师文化的做事方式、处事态度和"有为"核心价值观。教师作为人类灵魂的工程师，如果自己没有代表民族、国家的核心价值观的精神，如何教育下一代？素质教育在和应试教育打着硬仗，文化和精神也将会被重建。注重文化建设和精神建设的教育管理者，一定会在教育改革中走在最前面，也将会最先取得成功。[1]

<h1 align="center">/ 廉政意识 /</h1>

胡锦涛同志在中纪委三次全会上指出，"反腐倡廉教育要面向全党全社会"。《关于进一步加强和改进未成年人思想道德建设的若干意见》强调要以创建廉政廉洁和谐校园为落脚点，全面提高教育质量。在举国上下狠抓"三个文明"建设的同时，腐败邪恶现象也在社会上盛行、也成为社会上普遍关注的突出问题，它也影响到社会的方方面面，遍及社会各行各业，不论在"官场"上，还是在文艺界、学术界、校园中都有不少程度的影响。因此，加强对教师的廉政、廉洁文化教育、净化校园文化环境对营造一个廉洁环境是十分重要的。对教师进行廉政、廉洁文化教育和反腐倡廉教育，不仅是党的教育事业的需要，更是下一代青少年健康成长的需要。积极推动廉政、廉洁文化进校园，建立健全教育、制度、监督并重的惩治和预防体系是不可或缺的重要一环。实践证明，最有效的教育，取决于两个必要条件：一是从幼小的娃娃抓起；二是在全社会形成浓厚的廉洁文化教育氛围。因此，大力开展廉洁文化进校园活动，加强教师的廉洁教育、培养正确的价值观念和高尚的道德情操，对于全面加强廉政文化建设，形成"以廉为荣、以贪为耻"的良好社会风尚起着积极的推动作用。

教育系统同样要加强廉政建设 /

廉政是立国之本，它不是某一个行业、某些人的事。在教育系统中，同样有着举

[1] http://402.jiangxi2011.teacher.com.cn/GuoPeiAdmin/TrainingActivity/TrainingActivityStudentView.aspx?TrainingActivityStudentID=8721

足轻重的作用。作为教师，强化廉政意识则更是不容忽视的。加强廉政建设刻不容缓。学校遵章守纪，管理比较规范，我们教育系统的党风廉政建设正在不断加强，一旦出现问题务必引起高度重视。因此，我们任何时候都不能轻易放松，要严格执行党风廉政建设的有关规定。

必须始终树立廉政意识 ∕

党风廉政意识的树立非常重要，工作中要高度重视党风廉政建设，要把党风廉政建设与教育教学、学校行政管理等工作紧密结合起来，一同安排，一并部署，一起落实，切实抓好学校的党风廉政建设。廉政建设是学校工作的生命线。教学质量、廉政建设的好坏是判断学校是否做好了工作的标准。党风廉政建设要从我做起，特别是在工作任务繁重的时候，事情要做好，工作要推动，党风廉政建设也要抓好。

准确把握基本内涵，开展廉政文化教育 ∕

廉政文化是廉政建设与文化建设相结合的产物，它既是先进的政治文化，也人民的大众文化，是社会文化、职业文化和组织文化的有机结合，因而也是学校校园文化的重要组成部分，更是学校思想政治教育的重要内容。开展学校廉政文化教育，必须紧紧围绕"精神理念、价值观念和道德准则"的主题，侧重于四个方面的内容：

理想信念教育　理想信念教育是廉政文化的价值基础，要深入开展中国革命历史教育和现代化建设形势教育，使教师正确认识社会发展规律，培养远大人生理想和高尚人生信念，引导形成正确的世界观、人生观、价值观，积极投身现代化建设大业。

基本道德教育　基本道德是廉政文化的内在本质，要深入贯彻《公民道德建设实施纲要》，引导教师自觉遵守诚信、正直、节俭、负责为核心的基本道德观，塑造教师的完美人格，并内化为自重、自省、自强的精神力量。

传统美德教育　传统美德是廉政文化的历史遗承，要善于挖掘、弘扬、整理中华民族优秀的传统美德，培养教师崇尚廉洁的道德观念，唤醒正义感、荣誉感和羞耻心，形成牢固的反腐文化心理和精神纽带。

法制意识教育　民主法制是廉政文化的制度层面，要深入贯彻"依法治国"基本方略，加强纪检法规政策宣传，培育教师的法制观念，提高他们的法律水平，德法并举，用先进的法制观念指导行为。

充分发挥宣传优势，大力弘扬廉政文化

廉政文化的终极目标是培养民众廉洁从政的信仰和追求，使廉政成为全社会的共识。教师是推动反腐斗争的重要力量，也是推动廉政文化发展的动力之源，必须努力使健康向上的廉政文化去充实他们的精神世界，提高免疫水平和抗腐能力，始终保持蓬勃朝气和昂然正气，推动整个社会反腐倡廉良好氛围的形成。学校廉政文化的弘扬，必须借助有力的校园舆论力量，学校具备良好的宣传工作传统优势和得天独厚的宣传组织优势，应该在现有的基础上积极拓展宣传阵地，创新工作方法，保持并繁荣校园廉政文化旺盛的生命力。

第一，注重宣传的针对性，找准着力点。

第二，注重宣传的多样性，增强渗透力。要适应教师的精神文化需求，坚持"雅俗共赏、喜闻乐见"的方针，拓展载体，丰富形式。要充分发挥校园媒介的作用，学校内部刊物、广播台、网络等宣传工具要开辟节目专栏，丰富节目内容；要积极开展校园文艺活动，通过文艺汇演、演讲比赛、书画展览、廉政广告等学生参与教育的形式，增强廉

政文化的亲和力与感染力。

第三，注重宣传的系统性，扩大影响力。力争通过较长时间的努力，在学校形成浓厚的廉政文化氛围，将其打造成为校园文化的亮点和精神文明的新典型。要增强宣传工作的延续性，做到有规划、有计划，不断层、不缺位；建立健全宣传组织体系，整体联动，扩大廉政文化影响力。

制度建设是关键 ╱

抓好党风廉政建设，关键是要靠健全制度。抓党风廉政建设，制度建设至关重要，时刻不能放松，要切实加以完善健全。制度面前人人平等，要着力健全制度，用制度来推动教育工作的发展。按制度办事、布置工作，不能出差错。要对制度进行修改完善。要根据形势发展和现实要求，依据上级有关文件和学校实际，对现有的制度修改完善。做到适用、管用、有效，能够真正管人管事。要用制度规范事物和行为。要养成按制度办事的好习惯，用制度来管理、考核人和事，特别是在教育教学、财务管理等工作中，制度建设必须常抓不懈。[1]

╱ 服务意识 ╱

课程改革新理念提倡"以学生为主"，传统的教育观念和教学模式已不能适应时代教育的需要，"一切为了学生"要求我们教育者应改变陈旧观念，顺应时代的发展，提倡教育服务。随着课程改革的逐步深入，人们对影响课程改革的主客观因素有了更深的理解。教书育人、服务育人的观念逐渐被多数老师接受和认可。长期以来的应试教育，教师只是在单向

[1] http://blog.163.com/jnszzy_001/blog/static/250342352009418923599 26/

注入式教学, 这是一种保姆式服务, 学生多处于被压抑、被灌输的被动状态, 遏制了学生主动学习的态度、创新能力的培养和求真精神的探求。我们应转变观念, 改变现状, 探求一种为学生提供更有效的服务, 即能充分体现以学生为本的理念。因此我们要顺应时代的发展, 转变观念, 改变现状。

树立服务意识的必要性

"师者, 传道、授业、解惑也"是唐代韩愈对教师的职责界定, 千百年来无论社会给予教师怎样的地位与评价, 教师都始终恪守着, 尽心尽责。一直以来, 教师也始终处于一个特殊的职业身份, 有别于服务行业。

然而, 随着时代的变迁, 现代社会要求教师也应树立服务意识。从市场学的角度来看。因为学生需要受教育, 才有教师这种职业; 因为学生的存在, 才赋予教师这个职业。我们教师职业的存在是学生给予的, 我们有什么理由不为之服务? 因此每一位教师都应牢牢树立为学生服务的意识, 这无论是从师德的角度, 还是从教育观念、学校生存发展、教师自身利益而言, 都是很切合时宜的。

第一, 提倡教育服务是师德的要求。教书育人是教师职业道德、行为规范的一项神圣使命。著名的教育家陶行知先生就是"捧着一颗心来, 不带半根草去"。教师要给学生以知识和技能, 关心和帮助。每一堂课, 每一次辅导答疑, 乃至一言一行、一举一动, 面对的都是学生, 都会对学生起着潜移默化、谆谆善诱的作用。因此, 只有提供优质的教育服务才符合教师的师德规范。

第二, 提倡教育服务是现实的需要。有教育家感慨:"过去我们过多地强调教育为社会服务。很少强调为每个人的全面发展服务, 为发掘每个人的潜能和创造力服务, 今天来看, 应该强化这种'以人为本'的服务意识。"确实, 有了服务意识, 教师就会关注和适应社会不断变化和发展的教育需求,并做出相应的改革和创新。有了服务意识,才会更加关注和深入地研究服务对象即学生,探索他们成长发展的规律,不断改进和完善自己。

第三,提倡教育服务是学校的需要。学校最大的利益是生存与发展,而生存的前提是教育质量。在竞争日益激烈的今天,有质量才有市场,这是市场经济中的竞争规则。职业教育也是如此,要吸引学生,那就必须提高教育质量。学校的高质教育离不开教师强烈的社会责任感和无私的奉献精神,即优质的教育服务。

第四,提倡教育服务,更符合教师自身的利益。教师最大的快乐是学生给予的,当我们为学生提供良好的服务时,也改善了师生关系,提升我们的幸福感。另外,提供优质服务是一种持续性的挑战。这种挑战能让我们的工作不再简单枯燥而是更富有趣味和人情味,也会让我们更感幸福,因此符合教师的自身利益。

树立服务意识的要求 ╱

所谓服务,现代汉语词典这样解释:为集体(或别人的)利益或为某种事业而工作。教师的服务意识就是指教师对教育事业的奉献精神,也就是在与学生交往的过程中所体现的全心全意为学生服务的欲望。树立教育为学校、家庭、社会服务的理念,学生、家长对学校、对教师的满意度随之提升,学校形象亦会在人们心目中悄然发生变化。

端正和改善服务态度

树立正确的教师职业态度,是树立服务意识的首要环节。教师和学生,应是服务者与服务对象的关系,两者之间的关系应该是人格平等的共同学习的关系。没有学生,老师就失去了存在的价值。因此,每一位老师应该以积极的、充满无限激情的心态去从事教育事业，像爱护自己的眼睛一样去关爱每一位学生。我们要尊重学生，真诚地和他们交流；走进学生，感受学生的喜、怒、哀、乐；理解学生，站在学生的角度，去思考一些具体的问题，在教育事业这个广阔的沃土里辛勤耕耘和劳作，收获学生健康成长的累累硕果，分享学生进步与成功的喜悦，创造我们教师人生的辉煌，使我们平凡的教师生涯折射出耀眼的光辉。

学生到学校里来，不仅仅是为了得到学习成绩和名次，是要被人理解、被人尊重、被人欣赏。因此，教师要站到被服务者立场上去思考问题，了解他们的需求、了解他们的愿望、了解他们的所诉所求、所期所盼，为他们解除成长的烦恼，为他们做好服务。

第一，要尊重学生。尊重是一视同仁，并无层次划分。因此尊重学生就是平等地对待每一位学生，不论学生来自于农村还是城镇，出身于干部家庭还是平民家庭，有钱还是没钱，学习成绩是高还是低，作为老师，都应一视同仁，不偏不倚，平等对待。尊重他(她)们的需要，给学生以说话的权利和表达的机会。当同学之间产生矛盾与纠纷时，老师应抓住机会，把一碗水端平，让学生感受到老师在公平处理问题，是值得信赖的。但尊重不等同于放任，我们要坚持尊重与要求相统一的原则，有一个明确的价值取向。

第二，要关注学生。我们要关注学生的情感体验，因为学习是一种心智活动。离不开情感体验。而情感体验是经历克服困难与挫折到获取成功的喜悦历程中得到的，这一切都离不开独立思考与解题活动。老师的作用是引导学生学习，而不是代替学生学习。老师是学生学习的坚强后盾，在学生最需要的时候给予点拨，指明方向，而不是老师包揽一切，我们应该把更多的时间留给学生独立完成，让学生独立思考去解决。还要求我们要发挥不同层次、不同个性学生的长处和优点，给学生展示才华的机会。

第三，走近学生。就是教师要放下自己的"尊严"，走进学生的生活，走进学生的内心世界，走进学生的差异，只有当教师和学生完全融合在一起的时候，才会激起教育的火花和被教育的激情。我们应怎样走进学生呢？其一是要改变教育态度，我们要学会微笑对待学生，倾听学生诉说，蹲下来和学生交朋友。让学生把感悟深刻的东西讲出来，通过正确引导掌握规律。其二是转变教学模式，由讲解型变为探究型，让学生在自主学习、小组合作、任务探究中，学会阅读、观察、分析和思考，让他们明白事理，掌握知识。其三是转换教师角色，教师由主宰者变为合作者，我们可以围绕教学目标，结合教学内容和学生实际，采用灵活多变、形式多样的组织形式开展学习活动，使每一个学生都有机会参与到学习中，都有机会经历"看、想、听、说、辨"的学习过程，教师置身于其中，不失时机地引导学生进行讨论交流，给学生一个相互学习的平台，给学生一个表现自己独特见解的平台，从而更好地激发学生的学习兴趣，发展学生的创造性思维。

建立良好的服务关系

教师和学生就如同服务者和服务对象，很显然，两者之间的关系应该是人格平等的共同学习的关系。要确立这种良好的服务关系，一是要给学生以尊严。每个人都有享受尊严的权利，如果人的尊严被剥夺，他的心灵世界和精神世界就会枯萎。假如一个孩子从小失去了尊严，那么他长大了就很难恢复，那将是教育的彻底失败。二是要给予一定的自由。对自由的渴望是人的最大本性，获得自由也是全人类的理想。学生是到学校来求发展的，而不是来受管束的，所以学校和教师应当给学生更多的自由发展的机会。

提高服务技能

教育服务是一种不同于商业服务与企业服务的复杂的服务活动，尤其是对教师专业水平的要求很高。教师既要完成国家制定的课程目标任务,又要执行学校依法制定的质量标准和质量过程。同时,要将这些目标任务标准过程化为让学生可接受乐于接受的服务活动。教师不仅仅是完成传递人类文明的任务,还应该用自己的人格力量和文化素养去感召和感染学生,赢得学生的尊敬,设法用我们的魅力,用凝聚在我们身上的对真理的敬畏、对善良的信仰以及高贵的气质、得体的语言还有工作的激情、生活的幽默和真正的对生命的关怀去吸引并指引着每一个学生。这样复杂的服务活动,如果教师不研究不提高,就很难胜任。陶行知先生说:好的先生不是教书,不是教学生,乃是教学生学。因此,树立服务意识,实现教师由管理型向服务型的角色转变,是学生全面发展的需要,也是现代教育的需要,它不仅关系着教师的工作态度、生存状况、职业乐趣,而且关系到祖国未来的健康成长。

新课程改革要求教师要树立服务意识,搞好服务工作,真正让教师的"教"服务于学生的"学",才能更有效地提高学生学习成绩。当前开展的学习实践科学发展观活动,其核心也是以人为本,体现在教育教学中,就是以学生为主体,全面贯彻党的教育方针,积极实施素质教育,面向全体学生,关注全面发展。其一,提高老师的服务意识,老师要努力营造宽松、愉悦的课堂学习氛围。营造和谐、宽松的课堂教学氛围,可以使教师教得轻松,学生学得愉快,这就是我们课堂教学改革追求的目标之一。我们每位教育工作者都应不遗余力,做有心人,从点滴小事做起,为师生共同进步,为教育改革与发展作贡献。其三,"民主平等"是课堂教学取得成绩的关键。当代著名教育改革家魏书生老师的课堂教学艺术的核心主要体现在"民主平等"的基础上,他将自己的教学方法通俗地表达为"商量"。魏书生认为教师的教是为学生的学服务的,教要千方百计地去适应学生的学。因此,他用商量的教学策略主导教学的每个环节,使师生共同处在一个非常和谐的课堂氛围中,有效拉近了师生距离,使之产生强烈的情感共鸣。在这样的教学氛围中学生全员参与教学活动，聚精会神，效果显著。

其四，以学生为本是教育和谐的根本。教师的一切教育活动都要遵循"以学生为本"，把能够促进学生成长的因素放在首位，牢固树立"培养和谐发展的人"的教育理念，改变那种"教师为分数教学"、"学生为考试学习"的错误做法，注重学生的自主、合作与探究等综合能力的培养，课堂中让学生自主学习、自主探究、自主发现、自主表达，注重学生综合素质的提高和个性的张扬，凸显学生主体地位，使每一位学生都能在和谐的课堂和校园里成长。其五，教好书、育好人是培养"四有"新人的落脚点。作为教师，就要以服务学生为前提，了解青少年心理变化和认知特点，为学生的终生成长提供最好的、最优质的服务，创设一流的学习环境，提供一流的服务，培养一流的学生，是课堂教学中始终都要努力的方向。

注意服务细节

要获得学生、家长对学校的认可、满意，应从"点滴"、微量、细节处做起。譬如，在平时教学时，你霸占过学生的休息时间没有？是否拖堂，是否准时下课、放学？你是否总以"老师"之名压倒学生，或用过激的言语激怒学生？在进校门时，学生向你问好，你是否面无表情地"嗯"一声就完事了？你是否或因个别学生不守纪，大发脾气甚至半小时还余怒未消？在批评同学时，你有否讲过脏话、粗话？是否考虑过学生的感受？是否用过罚抄课文来维持课堂纪律？在听课时，你是否忘了起码的礼仪，自由出入，或与同事窃窃私语？聊到得意之处是否忘了教师的身份而手舞足蹈？在升旗仪式时，学生或教师在台上讲，你是否也会滔滔不绝？讲话完了，你是否忘了鼓掌？……总之，我们要注意教师的语言和行为上的细节。细节到措辞、音调，到男、女教师服装仪表、胡子、耳环、西装、皮鞋；细节到接听电话、接待来客起立坐姿；细到对学生的语气、态度；细节到给家长发通知、给学生批改作业。

树立良好的服务意识,学生、家长对学校、对教师的满意度随之提升,学校形象亦会在人们心目中悄然发生变化。[1]

/ 危机意识 /

当前,校园危机事件频发引起了社会各界对校园危机管理的重视,教职人员的适当行为是影响校园管理有效性的重要因素,而在教师教育一体化的过程中,危机教育是必不可少的,培养全面型、素质型教师的目标需要探索出更多的途径和方法来进行危机教育。

校园危机的含义与类别 /

Gilliland 和James将校园危机定义为:凡是发生在校园内或与校园成员有关的事件或情境,对学校成员造成不安、压力或伤害,而以校园现有的人力与资源难以立即有效解决的,均可以称之为校园危机。校园危机按起源可分为公共卫生类、治安安全类、自然灾害类、学校管理类与学生个体危机等多种类型。在我国,普遍认为校园危机,是指在事先未预警的情况下围绕学校发生的,可能直接或间接威胁到学校正常的教育教学秩序,并会带来不良后果(比如:伤害学校师生,破坏学校教学设施,损害学校形象和声誉,等等),而以学校现有的人力与资源难以立即有效解决的紧急事件。

校园危机管理的必要性 /

2010年,全国连续发生了五起残杀幼儿及学生的校园惨案,残忍程度令人发指。失去孩子的父母从此将背负一生的想念和悲痛,那些亲眼见到疯狂暴行的孩子们

[1] 王仲林.走进新课程[J].中国教育报.2002,(3).

会将这惊魂一刻深埋在记忆的深处，而学校教职工也将在悲伤和内疚中继续艰难前行。

随着教育的全民化与开放化，学校已不再是纯洁的圣土，正在经受着社会的影响与冲击。近年来，校园危机事件时有发生，社会上发生的各种危机事件在校园中都可能得到重演。而作为校园的主体即学生来说，他们大部分是身体或心理尚未完全成熟的个体，在面对各种突发事件时极易导致严重的甚至极端的后果。在生理方面，在面对自然灾害时，有些学生可能由于应急反应慢或体力不支而难以逃避危险；在心理方面，一些学生在面对教师的不当言行、情感、家庭、学业或就业问题时，心理承受力弱，常以自杀或其他极端行为作为解脱手段。此外，在学校外部也存在着许多不安定因素，威胁着校园的安全与稳定。校园危机既有一般危机所具有的共性，又有自身的特点。校园是人口高度密集的地方，学生年龄小，自身防护能力差，在校活动时间长，在遇有自然灾害、外部人员伤害、校内暴力冲突发生时，受到伤害的概率远较成年人为大，并且往往会将伤害扩大，引起连锁反应。因此，广大中小学必须加强危机管理工作，积极预防并消除潜在的危机，力求确保学校在良好的状态下运行和发展。

校园安全管理从来没有像今天这样如此受到重视，校园危机管理将会被切实地施行和扩充，因为，只有依靠严格的安全管理制度，才能尽可能地将罪犯挡在校门之外；只有依靠完善的危机管理体系，才能让学校所有的反应机制实现一体化，在面对危机时能迅速发挥最大的功效。

影响危机管理制度有效性的重要因素 ╱

教职工是学校的重要组成部分，校园危机管理制度的制定、实施和评估都离不开教职员工的参与，教职工适当行为是影响校园危机管理有效性的重要因素。所谓教职工适当行为是指教职工在校园危机的敏感度基础上，基于对学生身心状况的把握，对可能发生的危机要有一个大致的预期，并在此基础上，通过恰当的言行来阻止危害性结果的产生，从而阻止危机发生。

河南某小学的一个初一女生，因不堪同学民主决议将她发配回家思过一周而投渠自尽。从客观上来说，其班主任不是凶手，然而这位老师确实做出了一些不当行为，正是这些不当行为引发了那位女生的自杀行为。他的错误不在于授权全班同学民主评议该女生的去留，而在于他没有任何危机意识，完全没有想到青春期是孩子建立自我、视自尊比生命还重要的时期，任何损害自尊的事情都可能引发学生的极端行为。他的失误在于没有体察到青春期孩子敏感的心理，没有关注重创的心灵，没有预测到后果的严重性。颇为巧合的是，近几年来的中小学生自杀案竟然都是教师的一些不当言行所直接导致的，闻之实在令人痛心不已。教师本意为育人，但却因为一些失当行为而害人，这令人不得不引以为戒。因此，校园危机管理首先要杜绝教职工的失当行为，并要求教师在危机管理的各个阶段都实施适当的行为，并不断提升干预能力，这样才能将校园危机管理的有效性发挥出来。

校园危机管理体系的主体部分包括预警、应对、恢复与评价，这三个部分构成了一个依次递进的危机管理序列。一是在危机来临之前，学校需针对各类校园危机制定相应的预案，建立各级危机管理机构，同时密切关注校园内的各种异常现象，以便在危机来临前或爆发之际迅速地识别危机。二是在危机发生时，校园危机管理组织应尽量收集各方信息，把握时机进行决策，并调动校内和协调校外相关部门和人员协同处置危机。三是在危机过后，学校要尽快恢复正常的教学与科研秩序，并对校园危机管理的整个过程进行评价，发现各阶段的不足，并将结果反馈给危机管理部门，以便不断修复和完善校园危机管理体系。在这三个阶段的运作过程中，信息沟通与传播始终贯穿其中,它与危机管理的各个阶段一直进行着信息的双向流动,从而形成了一个闭环的互动控制系统。

教师危机教育的途径与方法 /

危机意识教育 要做好危机管理工作,不仅需要学校领导的努力,而且还需要广大教职员工和全体学生的积极参与。广大教职员工和学生只有具备了一定的危机意识,才能不断提高应对危机的能力,才能在危机面前沉着冷静、随机应变。危机意识教育是指有意识地运用教学手段,创设相应的刺激环境,展示事物的危机因素,以促使学生危机意识的形成,激发人们心理和意识上的危机感应和危机意识,养成居安思危、处变不惊的良好心理素质,并以自觉的社会责任感和历史使命感,为化解危机而奋进有为。因为危机事件的突发性和偶然性,再加上经历过危机的人毕竟是少数,所以大部分人仍需要主动保持适当的危机意识,于是就有了危机意识教育。一要通过专题讲座、讨论会、模拟训练、板报宣传等形式,组织广大教职员工和全体学生认真学习《教育法》、《教师法》、《学生伤害事故处理办法》、《刑法》、《民法通则》以及其他相关法律法规,不断增强他们的安全意识和危机意识。二要收集其他学校危机爆发的典型案例或者本校曾经发生过的危机的所有资料,组织教职员工和学生进行认真的学习、讨论和反思,分析当时校方所采取措施的得与失,在潜移默化中增强大家的危机意识。三要组织广大教职员工和学生共同讨论校园危机应对预案,并组织教职员工和学生进行模拟演习,使大家在感性体验的过程中逐渐增强危机意识。四要邀请有关专家组织专题讲座,使教职员工和学生掌握一些基本的求生知识和技能。总之,强化广大教职员工和全体学生的危机意识,有助于学校预防和应对各种危机。

终身教育 危机的形态和危机的类型是无法预测的,不同时期的校园危机也具有不同时期的特点和处理方式，所以教师教育必须把危机教育作为终身教育的一项重要内容。以前，校园危机主要表现为政治风波、疾病或食物中毒等公共性危机，如今，学生自杀已不是新闻，并呈现出低龄化和高学历化的趋势。学生自杀危机已经引起了社会的普遍关注，教育部曾明确要求中小学及各层次的高校一律要配备专职心理教师和专门的咨询场所，为学生提供心理援助，这在客观上促进了近年来学校心理健康教育的蓬勃发展，在一定程度上缓解了学生的各种心理压力和应激。然而，大学校园里的各类危机事件足以让为人师者警醒，因此，危机教育必须是终身教育。

全员教育　危机的发生带有突发性和危害性特点，因此危机的预防和处理不只是某些人员的工作，而应该是全体教职员工的职责，每一位教职员工都应具备随时发现和应对危机的能力。绝不可以说校园危机是保卫处的事情、是心理中心的事情、是危机管理小组的事情，而应明确校园危机是全校人员共同的事情，因此危机教育必须是全员教育。

加强危机教育的实践操作性，进行适当的实战演习　学习的目的是为了学以致用，等到危机事件发生才仓促上阵肯定不如事先设定情境进行演练有效果。因此，有必要加强危机教育的实践操作性和进行适当的实战演习。平时在校园活动中就可以模拟一些自然灾害、公共危机等情境，发动全校师生参与其中，也可以单独就一些常见的学生心理危机进行干预性模拟。这些模拟和演练虽然与真实场景有差距，但毕竟能让师生了解危机发生的过程，以便更加沉着冷静地面对危机事件。

储备心理咨询的相关知识　心理学知识是教师教育课程的重要内容之一，但是专门的心理咨询和心理危机干预技巧培训却并未纳入师范教育每个专业的课程。一定的心理咨询与心理危机干预的知识储备，是教师处理危机事件必需的途径和手段之一。依据各省市近年来颁发的一些中小学生心理健康教育工作规范来看，教育行政部门已经相当重视各类学校的心理健康教育，要求高校必须有专职心理教师和场地，中小学校除了这两项要求之外，还增加了班主任必须考取心理健康教育工作的C证或B证的要求，这在客观上促进了校园危机教育的发展。对于心理咨询知识的了解有助于对发生在学生个体层面的心理危机进行预防和干预。

危机爆发后，正确处理学校与媒体的关系　校园危机爆发后，必然会引来众多媒体的密切关注。在这种情况下，学校不能担心媒体的报道会影响学校的声誉或某些领导的政绩而对媒体提供不实的信息，或对媒体封锁消息、缄默不语。在目前的信息社会中，媒体、网络在几分钟之内就可以把新闻、图片传遍世界各地。如果学校拒绝与媒体合作，那么媒体就有可能报道一些不太准确的信息，这样学校将更加得不偿失。明智的做法应该是在危机发生后，学校主动对当地部分媒体进行一次新闻通报，客观描述发生了什么事、采取了哪些措施、现在的形势如何；在处理危机的过程中，可以考虑优先接受部分媒体的采访，但始终只是提供客观事实；如果需要还可以召开联合发布会。总之，让媒体和公众了解实际情况，会更加容易得到公众的理解和支持。因此，当危机爆发后，学校应当与媒体保持良好的合作关系，并做好长期接受媒体关注的准备。

积极开展学校危机管理研究　目前，校园危机的发生频率呈现上升趋势，但是我国学校危机管理研究却非常落后，既缺乏有关危机管理的专门机构，也没有详尽的危机管理规划。因此，大多数学校对校园危机管理缺乏系统的、科学的认识，只是凭借着零散的已有经验来被动应对危机，在危机发生时难免出现恐慌局面。由此可见，深入研究危机的特点和规律，不断提高学校的危机管理水平，尽可能预防各种危机的发生，努力增强学校管理者以及全体师生员工的危机意识和危机管理意识，已经成为了教育理论研究者和学校管理者的一项重要任务。开展危机管理研究，应集中解决以下几方面的问题：危机管理的体系建设问题、危机管理的方法问题、危机管理的队伍建设问题、危机管理技巧的培训问题、危机管理知识的普及问题等等。

在目前校园危机事件多发的背景下，学校不得不发展和完善校园危机管理，教师作为与学生朝夕相处的主体也必须参与到校园危机管理中来，因此，在教师教育一体化的过程中也必须加强危机教育，并贯穿始终，惠及全体。[1]

/ 使命意识 /

何谓使命意识 /

使命意识，全称：对于使命的意识。在《汉语词典》里，使命被解释为"重大责任"，使命具有厚重感。然而，不知何时起，教师群体中有些人渐渐地淡忘或缺失了自己本该肩负的使命与职责？反观现实，教师是职业倦怠的高发人群，倦怠来自机械重复，来自惯性滑行，来自缺少挑战，来自成就动机匮乏，来自发展空间狭窄。尤其是教师评价机制的功利化，把对"名"和"利"的追求与获得成为衡量教师成功与否的价值标准；过度强调专业化使教师走向了职业化，职业化又使教师走向工具化，即专注于"授业"时，其"传道"职能便不可避免地被弱化了。因此，在教育实践中就需要不断唤醒教师的使命意识。

一是明晰使命的神圣。当今教育的外部世界已经发生了很大的改变，今后还会发生更大的变化，选择的艰难，正昭示了教师事业的伟大。一个缺少使命感的教师，一个没有社会理想的教师，一个不想为我们所处的时代与社会作出担当的教师，是注定

---

[1] http://www.studa.net/Education/110908/08213729.html

不能走得更远、发展更优的。面向未来，新的目标和任务对我们教师提出了新的要求。培养社会主义合格的、可靠的建设者和接班人的使命光荣而艰巨，办好人民满意的教育更是任重而道远，需要教师以大爱和责任肩负起时代赋予的神圣使命。

二是把握使命的方向。新时代的教师，在传授知识的同时，更要关注学生的综合素质，让他们为未来的一生幸福打下坚实的基础。要深化对素质教育的认识，进一步增强推进素质教育的责任感和使命感，尊重学生的主体性和主动精神，注重开发学生的智慧潜能，突出形成学生的健全个性。下决心推进减负，改进教学，加强德育，促进学生身心健康发展。

三是肩负使命的角色。面对新的挑战，需要教师健全自己的人格，开阔自己的视野，丰富自己的知识，培养教育的激情。要自觉把总书记提出的"爱岗敬业、关爱学生、刻苦钻研、严谨笃学，勇于创新、奋发进取、淡泊名利、志存高远"作为毕生的追求。学校要通过学习、反思唤醒教师的使命；教师要通过行动、职责体现自己的使命。增强教师的使命意识，需要重塑教师担当使命的角色形象，把师德师风作为教育工作的核心支撑点。

当代教师的历史使命 ╱

努力学习，提高自身素质　教师要走在学生的前面，要培养出适应时代发展需要的学生，首先要有能够把握时代脉搏，善于发现时代需求并积极采取行动的教师。努力学习，尽快适应时代发展对教师提出的新要求，是当代教师的首要任务。例如，当代中国教师大部分都是善于命令，不善于商量；善于管住，不善于引导帮助；善于课内讲授，不善于组织活动。并且重投入轻产出，重质量轻效率，重接受轻发现，重知识轻性格，重模仿轻独创。要改变这种状况，教师必须更新观念，增长才干，全面提高自身的素质。

担起"重塑中国人"的重担，实施素质教育，切实提高民族素质 "重塑中国人"是21世纪对中国教育的呼唤，是现代中国人心中的呐喊，是承认落后不甘落后的宣言。努力学习，扬长避短，在学习中超越，在学习中创新，这是中国人唯一的选择。教师的担子就更重了，教师不仅要更新自己，更要更新学生，不仅要重塑自己，更要重塑学生。所谓重塑，主要是指打破过去的陈规陋习，站在时代发展的高度，用明天的需求来呼唤人、要求人和培养人，以适应当今时代的四大趋势，并以促进这四大趋势的发展为目的，重新设计我们的教育目标、教育制度、教育内容和教育方法，把素质教育真正落到实处。

勇于创新，并形成自己的教育特色和教学风格 学生素质的提高和教育理论的繁荣．最终都依赖于广大教师的教育创新。如果全国的教师都用一样的教材、一样的方式方法进行教育教学，我国的教育理论就不能繁荣，亿万禀性不同、水平不同的学生的充分发展就不能实现，提高民族素质的努力就会在僵死的教条与模式中流于形式。所以说，要完成高效率提高学生素质的历史使命，每一位教师必须彻底解放思想，坚持实践是检验真理的唯一标准。只要是有利于贯彻党的教育方针，有利于高效率地提高学生的素质，促进学生全面主动和谐地发展，有利于提高教育的质量和效益，就要大胆地创，大胆地试，不要迷信任何权威与模式。要知道，真正的最优教学方法，只存在于教师自己的创造性劳动中。只有不断地创新，才能找到适合于每个班级、每个教师、每个学生的最优教学方法，并形成自己的特色与风格。[1]

/ 民主意识 /

传统教育主张"亲其师、信其道"而不是"吾爱吾师，吾更爱真理"。推行素质教

---

[1] http://www.yzswyzx.com/Article/ShowArticle.asp?ArticleID=1615

育以来，我国的师生关系发生了部分质的变化，但在一些学校，或多或少地还存在家长作风甚至"奴化教育"的倾向，校长、教师是绝对的权威，学生只能唯命是从。如果说应试教育禁锢了学生的思想，"奴化教育"则完全扭曲了学生的灵魂。一般而言，创造性是与平等、民主有机结合在一起的。

获诺贝尔化学奖的李远哲先生曾说过，他到美国后的最大收获就是懂得人与人之间是平等的。丹麦大科学家玻尔不怕在年轻人面前承认自己的不足，不怕承认自己是傻瓜。平等的师生关系对于开发学生智力、健全学生人格具有不可估量的影响。新课标要求教师作为学生的"伙伴"而不是"家长"，作为平等的主体而不是"发号施令者"。

教师要有民主意识，认识到教育所涉及的知识领域是很宽阔的，或许有许多学生知道而教师不懂的东西，因此，讲课时要头脑清醒，不能采取学阀式的态度去扼杀学生的思维。这也是创新型课堂教学的要求。

教师要有民主意识，与学生平等相处 ╱

一是要真情对待学生，关心爱护学生。要建立良好的师生情感联系，教师必须真情付出，关心爱护每一个学生，公平地对待学生，不能厚此薄彼，尤其是对于学业成绩不够理想的学生，教师要多鼓励、多关怀，相信他们的潜力，切实帮助他们。我们相信，教师的真情投入，必定会得到学生的真情回报。

二是要用心走近学生。教师要有民主意识，与学生平等相处，以朋友相处，以心相交，师生之间，心心相印。教师要对学生有爱心，要把爱洒向每一个学生，即使是最"差"的学生，也要给予最大的、最多的爱心，不讨厌，不鄙弃他。教师对学生要面带微笑，因为教师的微笑是学生最大的快乐。

三是要把学生当作有血有肉、有思想、有灵性的大写的"人"。学生有敏锐的观察力, 活跃的思想, 快速接受新事物的能力, 对事物有自己独特的判断, 有自己的选择。作为教师, 要容忍学生想法的存在, 应该鼓励学生个体的独特体验。教师要明确学生的内心需求和真实想法, 努力让学生的需求与教学内容达成一致。而不能死守让学生适应自己的旧有观念不放。

让民主意识走进班级, 本质上是要求师生关系的民主平等 /

教师不能总是高高在上, 应将学生摆在一个与自己平等的位置上。首先, 教学上教师应该让学生感受民主平等。教师应该积极创设一种言论自由的学习氛围。让学生在这一氛围中, 意识到自身不仅是只听的学习者, 也是可以充分发表自己学习见解的学习者。其次, 在班级活动中教师应该结合学生实际情况, 尽可能地让学生参与到活动的策划与组织中来。让学生在这一过程中, 意识到自己与老师是平等的, 让民主意识潜移默化于学生的意识之中。第三, 在校园生活中, 教师应该创设一种民主的氛围。比如, 与学生亲切地打招呼, 与学生面对面坐着聊天, 与学生一起玩游戏, 让学生在这种氛围下感受到师生其实是民主平等的。第四, 与家长沟通, 实现家校教育相结合, 让学生在家庭生活中感受民主, 进而促进学生民主意识的形成。

在生本教育中培养教师民主意识 /

生本教育提倡教师的教育应建立在民主、平等、友善的基础上, 以说理疏导和循循善诱的方法, 促使学生的学业进步, 思想品德提高。因此, 教师决不能动辄以简单、粗暴的方式和压的方法对待学生, 从而造成师生关系的紧张和对立。换句话说, 就是生本教育要求教师要做一个民主型的教师。

一是要树立平等的教育理念。民主的教师都知道, 虽然就学科知识、专业能力、认识水平等来说, 教师要远在学生之上, 但就人格而言, 师生之间天然就是平等的; 教师和学生虽然在教育中的职责和任务不同, 但地位始终是平等的; 学生虽然在个性特点、学习成绩等诸多方面有所不同，但在教师眼里的地位应该都是平等的。民主的教师在感情上和学生是融为一体的。他们与学生接触时总是带着一颗童心，而且总是蹲下来与学生进行心与心的交流。

二是要尊重学生。民主的教师都知道，尊重是民主最基本的标志，教育是心灵交流的艺术，教育过程绝不仅仅是一种技巧的施展，而应该是充满人情味的；教育的每一个环节都应该充满对学生的理解与尊重；教师要尊重学生，欣赏学生，努力去发现他们身上的闪光点，并把这些闪光点放大，让每一个学生都有展示自己才华的机会，让每一个学生都在自己的每一次成功中获得自信；教师还要尊重学生思想的自由、感情的自由、创造的自由，始终把他们看成是活生生的充满灵性的"自由人"；面对所谓的"后进生"，教师更是要始终冷静，把所有的指责、批评、抱怨换成启发、表扬与激励，让尊重永远占据他们的教育词典。

三是要热爱学生。民主的教师都知道，"教育首先是关心备至地、深思熟虑地、小心翼翼地触及年轻人的心灵。真教育是心心相印的活动，唯有从心里发出的才能打到心的深处。"民主的教师都把学生视为朋友、亲人；都对学生以诚相待，以情相待，以友相待，为学生着想，替学生办实事；都热爱每一个学生，会从不同视角多维度地评价学生；总是想方设法消除可能对学生产生的偏见。因此，他们总是全面地了解和认识学生——了解他们的思想、情感和个性，从本质上认识学生，恰到好处地关心和爱护学生，使学生感触到教师的关心，从而表现出学习的积极性。

四是要与学生合作。民主的教师都知道，学生不但是他们在人格上、感情上的平等朋友，而且也是他们在求知道路上共同探索前进的平等的志同道合者。民主的教师总是鼓励学生质疑，鼓励学生独立思考和独立判断；总是要求学生不应"书云亦云，师云亦云"；总是追求"青出于蓝而胜于蓝"的境界；总是在日常的教育教学活动中积极营造民主的教学氛围，为学生提供宽松、民主的学习环境，在和谐融洽的气氛中与学生共同完成教学任务，与学生共同成长。

五是要有创新。民主的教师都知道，素质教育的核心是"为了每一个学生的发展"，重点是发展学生的实践能力和创新精神。因此，他们总是积极倡导"自主、合作、探究"的学习方式，不再忽视对学生创新能力的培养。[1]

/ 法律意识 /

依法治教是当今世界各国教育改革与发展的共同趋势和特点。为了切实保障教育事业优先发展的战略地位，我国自上世纪80年代以来，大力加强教育立法工作，已使我国教育事业出现了有法可依、依法治教的大好局面。但同时一个不容忽视的问题也严峻地摆在我们面前，那就是仍有一些教师基本素质修养严重欠缺，法律意识淡漠，体罚学生致残的消息时常见诸报端，严重侵犯学生人身权。这就说明确有一大批教师教育法律意识淡漠，教育法律观念薄弱，还没有真正地树立起依法治教、依法执教的教育法律意识及观念。

所谓教育法律意识是人们关于法律现象的心理、观点、思想体系和法律知识的总称。教育法律意识是整个法律意识的组成部分，它反映了人们对教育法律知识的了解、对依法治教的信任程度、对教育法律的评价等等。由于多种原因，广大教师的教育法律意识尚未得到普遍增强。特别是中小学教师，教育法律意识相当淡薄，在教育教学实践中违法现象时有发生。

国家要依法治教，教师要依法执教。教师要真正肩负起历史赋予的培养社会主义事业的建设者和接班人的神圣使命，不仅需要具有良好的科学文化素质、思想道德素质和身体素质，同时还必须具备良好的法律素质。而教育法律意识中起主导作用的教育法律思想体系是不会自发形成的，必须进行有意识的培养。因此，培养和提高教

---

[1] http://www.zhyww.cn/teacher/201110/52834.html

师教育法律意识,是教育法制建设的一项艰巨的基础性工作。

中小学教师法律意识现状分析 /

教师教育法律基础知识十分匮乏　　教师教育法律知识是指教师对有关教育法律法规的了解、掌握和认识的程度,是衡量教师教育法律意识水平高低的重要依据。在中小学教育教学活动中,教师法律知识的高低对未成年学生能否健康成长影响极大,而当前,中小学教师教育法律知识十分匮乏,中小学教师教育法律知识的掌握准确率平均仅为31%。教师法律知识的匮乏严重地影响了教师对于法律的理解和应用,并对学生的身心产生不利影响。首先,教师很少树立"法律至上"的观念,大部分中小学教师的思想还停留在"人治"的观念时期,在自己的意识里没有"法律武器"的概念。其次,容易混淆道德和法律的关系,本该应用法律去解决的问题,而教师却采取谴责、训斥或教化等道德方式解决。再次,缺乏正确的权利和义务观念,违法行为屡有发生。

教师缺乏健康的教育法律心理　　健康的教育法律心理是指教师对教育法律现象的各种感觉、情感、理解等心理倾向的总和,是教师合法行为的内在动因和支配力量。当下的中小学教师教育法律心理处于亚健康甚至不健康状态。一方面,教师对教育法律的态度冷淡,毫无热情甚至有厌法、恶法等抵触心理。在访谈中大多数中小学教师认为在教学中"法"根本没有作用,所谓的教育法、教师法等都只是摆设。有些教师甚至不能接受教育法的诸多规定,认为教师应该有权利对学生进行体罚,没有体罚做保障,就难以确保师道尊严,不断地侵犯着学生的合法权益。另一方面,教师具有畏法、惧法的心理。教师作为社会阶层行业成员,确保教师的合法权益不受侵害是教师安心工作的基础和前提,教师要勇敢地维护自身权益。然而,现实中中小学教师法律权益意识模糊,合法权益不时受到上级或其他组织及个人侵犯时,许多教师却熟视无睹或有的教师采取过激行为来维护自己的合法权利。如有的地方拖欠教师工资,而

《中华人民共和国教师法》第七条规定"按时获取工资报酬，享受国家规定的福利待遇以及寒暑假期的带薪休假"为解决拖欠教师工资问题提供了法律依据，但事实表明，许多教师虽知自己的工资被拖欠不合理、不合法，却没有采取维护自己权利的行为；或有的教师采取上街示威、游行、散发传单抗议等过激行为。另外，对发生在自己周围的诸多违法行为或事件也熟视无睹、无所作为，如面对学生在校门口被不良社会人员伤害时，却不给予制止或向公安机关报警。像这样不能很好地利用法律武器维护自身的合法权益的事情时有发生。[1]

中小学教师教育法律意识整体低下的原因 ／

传统文化中教师观念的影响　长期以来，"天、地、君、亲、师"和"一日为师，终身为父"等传统观念对"师道尊严"、"唯师是从"强化到极端的境地。教师对学生随意侵犯、打板子、罚跪等惩罚在漫长的封建社会被视为教育成功的法宝，代代相传。因此，在现代教育学校里，教师殴打学生、指令学生进行不必要的有害身心健康的大量重复运动、强令学生进行劳动以作为惩罚手段的体罚和变相体罚的违法施教行为屡有发生。作为教师，他心安理得地进行着侵犯学生权利和自由的行为，认为自己有权对学生做任何处分；作为家长，认为教师是专门教育学生的，"打孩子也是为孩子好"；作为学校也把惩罚学生作为加强学生管理和提高教学效率的有效手段，古已有之，严师出高徒，教师做得对。

教育法律法规的尚不完善和宣传不力　教育法律法规不完善、不健全，法律责任划分的不明确，再加上长期的教育法律法规的执行不力，使教师形成教育法律只是摆设的意识，从而在日常教学工作中，对教育法律轻视，不自觉遵守，导致一些教师肆意践踏学生的权益。即使违法或侵权行为产生后，因教育法律中的相关规定模糊，责任

---

[1] 刘军.《教师法》对教师权益的保护及其存在的问题[J]. 北京教育学院学报.2006，(2).

划分不明确等未对其进行处置，使其违法行为变本加厉，形成恶性循环。教育、政法等相关部门对教育法律的宣传不力，使得广大农村教师对此认识不足。由于对教师教学成绩的考核主要依据于学生的升学率，教师很难分出精力来了解学习有关教师教育法律和法规，对于那些教师认为"与教学无关"的事情一般不予理睬，学校的工作计划中也极少出现组织教师学法、提高教师法律素质的活动内容。教师缺乏学习教育法律的环境氛围和动力。

教师自身因素　首先，教师对法律问题的重视不够，认为"法律只不过是执法者说了算的东西，只要老老实实做人，认认真真教书，那么一辈子也不会违法"。长期的"师道尊严"也影响了教师忽视学生的权益。其次，对法律知识学习不够。当代教师绝大多数是在"应试教育"的阴影下成长起来的，他们以前在学校学习时，法制教育未纳入人才培养目标体系中，即使是师范院校，法律基础课的教学就不科学，授课不规范，内容不系统，导致他们在成为教师之前对法律知识的学习敷衍了事。当他们成为教师后，又受到"应试教育"和把学生成绩作为职称、福利等考核指标的影响，导致他们对法律知识的学习和教育不重视。再次，职业压力等因素导致不少教师的心理问题较为严重，不断引发教师的法律问题。如教师的心理问题长时间得不到疏导，势必诱发教师做出不可理解的行为，触犯法律，侵犯学生的权益。[1]

教师教育法律意识培养的内容　╱

教师应当具有一定的法律知识　作为现代教师，应当具有一定的法律知识，这是教师依法执教的前提。这些法律知识主要包括：基础的法的基本知识，诸如法的本质、法的功用、权利义务等等，这些内容是一切法律的基础内容；作为教师来讲，要有

[1] 李晓强，陆若然. 中小学教师的权利享有与义务履行：问题与建议[J]. 江西教育科研. 2006，(1) .

比较系统、全面的教育法律法规的知识，特别是那些与教师教育教学有关的教育法律法规方面的知识；与教育法律法规联系比较紧密的一些重要的法律，如民法、行政法、刑法的一般常识等。

应当具有较强的法律信念 具有信念的人的思想同情感和意志是融合在一起，对于这种人来讲，和原则相矛盾的行为就不可能发生。较强的法律信念对于教师从事教育教学活动的作用是不言而喻的。所以，教师除了"知法"以外，还要"懂法"，应当懂得法的作用，懂得教育法是现代教育的一个理性的选择；懂得为什么国家要依法治教，自己为什么必须依法执教。

应当具有自觉的法律意志 意志的本质就是意识的调节方面。法律意志对法律行为的调节有发动和制止两个方面，前者表现为推动人去从事达到一定目的所必需的法律行动，后者表现为制止与预定目的相矛盾的法律行动。作为教师应当自觉地维护法律的尊严，自觉地遵守法律，依法行事；依法维护自己的合法权益；同时也尊重他人的权益；自觉履行自己的义务，也监督他人或有关方面履行义务。

应当进行积极的法律宣传 教师不仅应该成为法律的维护者和执行者，而且也应该成为法律的积极宣传者。在教育教学过程中，教师应当自觉地、积极地向学生进行社会主义教育法律知识的宣传；把宣传教育法制，普及法律知识，视为自己维护和履行法律的一个重要体现，为把我国建设成为社会主义法制国家做出积极贡献。

教师教育法律意识的培养与提高 ╱

教育法律意识作为一种自觉的精神力量，贯穿于教师的教育教学活动中。教育法律意识中起主导作用的教育法律思想体系是不会自发形成的，必须进行有意识的培养。因此，培养和提高教师教育法律意识，是教育法制建设的一项艰巨的基础性工作。

开展教育法制宣传、普及教育法律知识　广大教师掌握教育法律知识、增强教育法制观念、树立正确的教育法律观点，需要通过广泛的宣传教育来完成。只有通过有意识、有目的、有计划、有系统的教育法制宣传、普及教育法律知识，才能使教师知法、懂法、用法，并自觉遵守教育法律法规，懂得以法律武器来维护自己的合法权益；才能使依法治教、依法执教具有广泛的、深厚的社会基础和群众基础。因此采取多种形式，为中小学教师创造一个提高法律素质的良好环境。如课余时间可以开展教育法律知识竞赛、教育法律知识测试等多种形式的法律教育活动；教育行政部门应利用各种媒体宣传、传播、咨询、出版教育法律知识，在全社会形成知法、守法、谈法、用法的风气。开展法制宣传、普及法律知识，是培养社会主义教育法律意识的重要措施。

完善教育立法，加强教育执法和监督　我国虽然颁布了《教育法》、《教师法》等法律，但其中有些规定比较原则和笼统，例如，"情节严重""根据不同情况"等字句模糊，"中小学教师的权利义务现状令人担忧，在权利享有和义务履行方面都出现了一些问题。造成这些问题的原因是多方面的，其中，现行相关法律的不完善是最根本的原因。针对这些问题，应完善相关法律并对中小学教师的法律身份进行重新界定，从而使教师更好地享有权利，履行义务"。所以需要各级政府特别是教育行政部门结合当地实际情况，及时补充制定出相适应的实施办法和细则，使教师与教育管理人员在具体操作时有法可依，防止在实际工作中以行政权力代替法律的现象出现。应明确规定教育法律责任的承担问题，给受害者提供维权的法律依据。同时，要加强教育执法和监督，确保教师的合法权益不受侵害。

强化教师教育法律教育和考核　在教师教育过程中加强法律教育，就是要加强教师培养、选拔和在职培训三个环节中的法律教育，使教师掌握比较完整的法律知识，养成健康的法律心理，形成成熟的法律思维能力。教育行政主管部门应该提高对法律教育重要性的认识，采取措施，切实保证法律教育的质量。既要改进教师培养阶段的法律教育，又要把考核与教师职业密切相关的法律知识纳入教师选拔、培训制度，使他们对教育法律法规体系有一个系统的掌握。在教师法律教育方面，应与教师职业特点与职业道德紧密相连，重点进行《教师法》、《未成年人保护法》、公民的基本权利和义务以及违法所需要承担的法律责任等方面内容的教育。将教育法律意识考核纳入教师资格认证体系，特别是对于师范生，在取得教师资格时更要加强对其教育法律知识的教育和考核。[1]

/ 审美意识 /

审美意识及其发展 ╱

审美意识是主题对客观感性形象的美学属性的能动反映。包括人的审美感觉、情趣、经验、观点和理想等。人的审美意识首先起源于人与自然的相互作用过程中。自然物的色彩和形象特征如清澈、秀丽、壮观、优雅、洁净等，使人在作用过程中得到美的感受。并且，人也按照加强这种感受的方向来改造和保护环境。由此形成和发展了人的审美意识。审美意识与社会实践发展的水平有关，并受社会制约，但同时具有人的个性特征。在当代，审美意识和环境意识的相互渗透作用更加强化。审美意识是人类保护环境的一种情感动力，促进了环境意识的发展，并部分地渗入到环境意识中成为一方面的重要内容。人对环境的审美经验、情趣、理想、观点等多种形式的审美意

[1] 白雪芹.教师法律素质的培养[J].胜利油田职工大学学报.2003，(3)．

识，是环境意识必然包含的内容。随着经济的全球化，人们对自然、社会、家庭、人生的观念日益转变。需求和要求之间的关系相互挑战，相互促进，在教师头脑中产生各种审美意识和观念，号召他们在教学中进行探索、创造、创新，从而适应时代的要求。

培养正确的审美意识 ／

正确的审美意识和审美理解新课程改革的进行并逐渐深化，期望教师具有新的教学方法、新的思考风格、新的前进目标的同时向教师提出了正确的审美意识的引导下从事教学，使美的种子在学生心灵中扎深根的问题。正确的审美意识和审美理解是教师使教学得到审美感，创造美好的精神和物质世界的手段。一般来说由于教师的成长、培养、被客观事物感动不尽相同，因此他们的审美意识有着很大的差异。这种差异对他们促进学生认识、欣赏审美对象，产生审美气氛，活跃课堂气氛，取得正面效果起到作用。审美意识是一种被提高到高度，与人的内心世界密切相关，因外界影响而形成的理性认识活动。这种理性认识活动不可能与每个教师都有缘，因为每个教师的经验、观察事物、思考、审美感、个性、灵感、爱憎不一致。所以，他们所培养出来的学生的性格自然会有不同的特点。

教育研究结果也表明：教育者必须具备一种对美的精细的感觉。你必须热爱美、创造美和维护美（包括自然界的美和你的学生的内心美）。"魅力也是教师的不可缺少的品质，在教育活动中重要的是使魅力激起积极的审美情感，这种审美情感能最充分地促进教育客体和主体的相容性。"为了更好地进行教学美的创造，每个教师都应有意识地提升自己的审美意识。

具备审美意识的教师会将教学当作艺术看待 受美学影响，无论中西，都有人把教学当作艺术。艾斯纳（Eisner）曾从四个意义上确定了教学可以被看作一门艺术：

第一，教师在他或她的职业中已颇有造诣，对于师生来说，课堂是一种美学经验。第二，教师与画家、舞蹈家等一样，在教学中根据在过程中了解的质量做出判断。教学的质量特征如进度、基调和速度由教师在"读"或理解学生的反应时进行再选择。第三，教学的艺术要求教师具有规定的常规或技能。第四，教学和艺术成就一样，有时在一开始就未预料地结束了，但它是需要的，甚至是受欢迎的。Eisner区分了工艺与艺术，前者是运用技术来获得预定结果的过程，后者是在过程中利用技能通过行为来发现目标。教学艺术家对未预期到的、创造性的内涵留有余地，避免将他们的"教学智慧"凝结成机械的、常规化的行为。所谓艺术性的东西，就是把技能和感情以一种特殊的方式结合起来，使创造的成品赋有一种美。"当教师更多地懂得了美的素质怎样进入人的生活，当他们能够有意识地来完善、扩展这种美的体验的方法时，他们也就踏上了教学艺术之路。在一定意义上说，教学艺术就是成功地创造美的教学。

教师的审美修养直接影响教学美的创造 具有相当审美修养的教师，就会和谐并富有创造性地投入到教学活动中，不仅把丰富的知识和娴熟的技巧作为教学的手段，而且自觉地使教学按美的规律来进行，使教学提高到审美化的境界。因而他们的教学活动本质上就是美的创造。一个墨守成规的教师对学生创造性的发展无疑是一种近乎灾难的障碍，教育教学是一个太需要研究、太需要智慧去解决的难题了。基于此，作为教师，就需要用自己心灵的手指引导学生触摸天上的星辰。教师具有较高的审美修养，就会以审美的态度对待普通人视为寻常的教学活动，发现其中所存在的美。而缺乏审美修养的教师，则会对教学活动中所存在的美的事物、美的对象熟视无睹或充耳不闻，从而淹没教学中所存在的美。能否发现和感知教学活动中所存在的美，是衡量一个教师优劣的重要标志，这正如罗丹所说："所谓大师就是这样的人，他们用自己的眼睛看别人看过的东西，在别人司空见惯的东西上能够发现出美来。"而教师的审美修养对学生具有积极的影响作用，学生在教师审美修养的陶冶下就会逐渐养成审美兴趣、发展审美能力和习惯，最后形成审美修养，从而享受教学中的美，变枯燥的学习为快乐的学习。而师生在感受教学中的美、陶冶教学中的美的同时，就会进一步激发他们追求美、创造美的愿望，开拓新的教学美的天地。同时，教师的审美修养也有助于自己享受教学美创造的幸福感，所谓"审美是发现幸福、创造幸福的重要法宝"。因为幸福能力从某种程度上讲就是一种对主体自由的审美能力。幸福感就是一种生活的美感。因此，缺乏美感的人也一定缺乏幸福感。要收获教育幸福，教师既要有较高的精神境界、创造性的教学能力，还应当具有对教学活动过程和对教学双方的审美能力。

以审美的高度对待学生　学生是教师的审美对象。在教学过程中，教师要以审美的眼光来看到学生的进步，发现学生的闪光点，让学生在教师赞赏的眼光和鼓励声中不断进步；同时，使自己在教学中也有美的感受，从而提高审美能力，为"不断满足受教者的审美需要而进步"。要做一个新时代的教育家，就必须有崇高的理想、宽广的胸怀、博大的善心和非凡的教育艺术。这些都是为了把每一个学生培养成人，而不要以惩罚为目的。中国艺术研究院陈统祥教授讲过，对于年轻的学生，我们可以明确地指出他们明显的错误，同时也要允许所有的孩子偷偷地自觉地改正他们独自一人时所犯的错误，这是一个教育的原则。

在孩子人格或是习惯没有完全养成的情况下，教育中非常重要的原则就是宽容，要容许别人改正错误。而我们在教育中经常使用，或是错误地使用强迫别人改正错误的做法，导致许多孩子走向了反面。可以说大部分"坏孩子"是在没有条件和机会偷偷改正错误的情况下越走越远的。我们教育工作者，对待孩子的错误一定要有一颗真正崇高的善心。对受伤的心灵、迷途的羔羊应该有极度的宽容。在很多情况下，对孩子独自一人时所犯的错误,应该把门关起来以后再教育,不要在大庭广众之下把学生犯的错误公之于众。

"教育的成功和失败往往决定于教师,教师能救人也能伤人,能让人开心,也能让人丢脸,教师可以是启发灵感的媒介,也可以是制造痛苦的工具。"学会了审美的教师,其目光中的学生没有不美的;反过来,被教师审美目光普照的学生,也会变得越来越美。

教师的审美素养总在人文细节中表现 教育,说到底就是细节的艺术。高尔基说:"应该采用微小而具有特征的事物,制成巨大的和典型的事物——这就是文学的任务。"日本教育学者指出:"教师在教学过程中的教态,教师对学生的反应所做出的表情和发言,或者教师对学生的服饰和遣词之类的生活态度的注意等,所有这一切,都对学生的人格形成,具有重大影响。"生活正是由一个个细节串联起来的,物质的细节和精神的细节。细节可以是一根链条,细节也可以是一瓶润滑剂,而所谓的人文精神,就是体现在一个个琐碎的细节之中。细节的变化,使我们原本粗糙的生活,多了一点浪漫,多了一点温馨,也多了一点人性色彩。

有两个观光团到日本伊豆半岛旅游,路况很坏,到处都是坑洞。其中一位导游连声抱歉,说路面简直像麻子一样。而另一个导游却诗意盎然地对游客说:诸位,我们现在走的这条路,正是赫赫有名的伊豆迷人的酒窝大道。"可见,虽是同样的情况,然而不同的思想观念,就会产生不同的态度。思想是何等奇妙的事。如何去想,决定权在你。有审美的眼光,才成就了细节的魅力。清华大学附属小学特级教师窦桂梅认为:"教育是需要真诚支持的,是需要善良加盟的,是需要智慧提升的——所有这些都是靠细节组成的。如果细节忽视了,再好的流程设计只能留有遗憾。"美在细节,这是教学美创造过程中应遵循的原则之一。

教师诗意地生活，是教学诗意化的必要条件　只有教师生活诗意化了，课堂教学才能真正诗意化，学生也才能有诗意地生活。教师诗意地生活，这绝不是虚无缥缈的海市蜃楼，像于漪、李镇西等大批优秀教师的生活和教学就是诗意的，连他们的学生的生活也都是诗意的。朱永新教授在其《我的教育理想》中认为："教育是一首诗，可以是田园诗，可以是古体诗，也可以是抒情诗，有各种各样的情调和内涵……理想的教师首先应该是一个胸怀理想，充满激情和诗意的教师……教育的每一天都是新的，每一天的内涵与主题都不同，只有具有强烈的冲动、愿望、使命感、责任感，才能提出问题，才会自找'麻烦'，也才能拥有诗意的教育生活。"这里，关键是像歌德所说的，"要了解但丁，我们就必须把自己提升到但丁的水平"。特级教师窦桂梅说得好："理想的风筝飞得高远，是由于实践的线索柔韧。因此，教师专业探索必须是'紧贴地面而行'。"一方面，教师的生活固然要受到现实条件的制约，不能耽于幻想，但另一方面也确实需要有点浪漫主义的情怀，超越现实功利的困惑，追求一些精神的东西，否则就会被纯粹的现实功利越陷越深，以致不能自拔。

教师审美情趣有利于化非审美因素为审美因素，优化教学效果　审美经常被理解为"有趣味"，或者"维系于优雅的趣味"。教学行为有着严格的规范，各科教材也都是遵循认识规律，主要从认识的角度考虑编定，绝大部分教材均非审美因素构成，充满灰色的理性。这当然与正处于青春激情阶段的学生有距离。缩短以致消除这个距离，只能寄望于教师的审美情趣。苏霍姆林斯基曾说，有意识地创造培养情感素养的环境，这是最细腻的教学艺术的领域，是教育素养的本质。而优秀教师总能借助审美情趣，将教材与课堂的灰色气氛转化为明丽欢快的色彩。

法国后现代主义最早的代表人物让-弗朗索瓦·利奥塔（Jean-Francis Lyotard）曾写过一句耐人寻味的名言："对于一个婴儿来说，母亲的脸想必是一处风景。"同理，对于一个学生来说，老师的脸想必也是一处"风景"吧！当老师的脸充满对学生真诚的抚慰和呵护，用微笑温暖心灵晦暗处，将融化多少冰点，融入多少理解和尊重。所以，如果有了失望，尽量不要将忧伤写进明亮的双眼；如果有了无奈，尽量不要把苦恼刻在思索的眉间；如果有了急躁，尽量不要让威吓布满两腮；如果有了愤怒，尽量不要让讽刺出于嘴边。让老师那春风般充满爱意的脸，每日都成为学生心中的一道风景吧！学生的心醉在景中，情与情交融，将显现生命的多姿多彩。[1]

/ 创新意识 /

全面实施素质教育和基础教育课程改革是当前教育领域的一场深刻变革，作为这场变革中站在第一线的教师，要采取积极的态度，不断学习和领会新课程改革的精神和理念，并将之应用于教学实践。在此过程中，唯有坚持创新，才能不断提高自身的素质能力，从而承担起自身所应承担的使命。

领会新课程理念要从思想上转变观念 /

一是教师角色的转变。新课程要求教师要在教学中转换自己的角色，成为教学的引导者、合作者、创造者，把关注点真正放在学生的身上，教师的激情、个性和魅力得到充分的展示。二是教学行为的转变。教师在教学实践中，要学好教材又超越教材，立足课堂，又超越课堂，尊重教师，又超越教师，课堂师生激情四溢，民主和谐。三是学习方式的转变。主要体现在自主、合作、探究的学习方式上。课堂教学充满悬念，充分让学生的智力接受挑战，让学生的潜能如花绽放，让学生的个性充分张扬。四是

---

[1] 李如密.论教师的审美意识[J].教育科学研究.2006,（1）.

课程观念的转变。课程理念是课程的灵魂。课程是体验，课程是对话，课程是发展资源，凡是对学生有影响、有教育意义并能促进学生成长，或说能够滋养学生身心素质发展的资源都是课程资源，简言之：社会即课程、环境即课程、生活即课程。五是教师专业知识的转变。从教师运用现代教学技术、教学构思与设计、课程的整合等方面，都体现出教师的教学视野在拓展，教师的知识品位在提升，并在课改实验中迸发出智慧的浪花，激荡起创新的激情，领悟出教学是一门艺术的真谛。

新课程改革注重师生创新精神的发挥 ╱

新课程呼唤教师对原创的提升　教材只是一个案例，一个载体，教学的依据是课程标准，不是教材，教师才是最重要的课程资源。因为教材的信息与素材靠教师去整合，教材的缺憾与空白靠教师去圆满，教材的拓展与开发靠教师去创造。所以教师不能把教材的内容硬塞给学生，要对教材进行改编、选编、选用、活用，要融入自己的科学精神和智慧。新课程鼓励一线教师发挥自身的创新精神，根据学生的自身特点和课程标准，可以自己设计教学内容，极大体现出新课程是为学生服务的，需要教师因材施教。

新课程注重培养学生的创新意识　新课程渴望更多精彩的回答是从学生嘴里表达出来；渴望更多课堂教学的动人场面是在学生身上表现出来。因此，就要求教师要让学生学会学习，学会创造，引导学生建构知识。给知识只是给了学生一个肉眼；给视野、方法才给了学生一个显微镜。"给"，永远只能给"死"的知识，而"导"却是"活"知识的源泉。

新课程呼唤教师的教学个性　"个性"是一个教师教学经验、教学特色和灵性的折射。有个性就显灵性，就有特色，就有创新。"魅力"是一个教师人格、道德、知识、智能等品位的综合体现。有魅力就显形象，就有气质和风度，就能点燃学生心中的火种，就能唤起学生心灵的共鸣。"激情"是创新的直觉思维，激情是情感的直接表象。有激情就显活力，有激情就能滋润每一颗心灵，有激情就能迸发出智慧的浪花。在新课程条件下，教学条件固然重要，而教师的素质更为重要，很多教学条件和教学手段在一定程度上靠教师去创造。如课堂教学没有现代媒体，用"土媒体"也能让课堂教学生辉，呈现亮点。因此，教师的素质应有合理的知识结构、高尚的人格魅力、个性化的教学风格、和谐的师生关系和可贵的创新精神；要站在人生境界的高一层，真正在课堂"指点江山"，在课外"激扬文字"。

新课程提倡教学设计多样化　课堂教学是一个千变万化的动态系统，不能刻意追求和照搬某一种模式。课堂教学是一门极其复杂、内涵无限丰富的艺术。这就要求我们教师不能用一种教学方法实施教学，要根据教学内容设计教学过程。教学设计是一种思路，一个案例，也可说是一个靶子。一种好的教学设计，就是一部展示教师个性化创造过程的真实纪录片，也恰似一幅蕴含师生人文素养、思想观念、情感态度及价值观的立体风景图。我们教师要将新课程所追求的理想课堂变为现实，就必须拿出优秀的教学设计。

怎样写出优秀的教学设计呢？首先要体现"一种革新"，即备课写教案革新。要改变过去只备"课"、不备"人"，只备"形"、不备"神"，只备"结果"、不备"过程"的备"死课"不备"活课"的现状；要冲破传统教案，创新超越教参，创建凸显个人特色的鲜活的教学设计。其次要体现"三种价值"，即人文价值、艺术价值、创造价值。在新课程的实践中，我们应推出许多以人为本的课堂教学组织形式，如"歌舞晚会式"、"答记者问式"、"合作探究式"等等。因此，在教学设计中要特别关注情感、态度和价值观教育的设计。爱是教学的一门重要艺术，一个平凡的老师，只要把自己的生命与学生的心灵相融，就能展开富有诗意的课堂图景。如果没有爱，没有真诚，任何模式、方法都很难奏效。因此，在教学设计中要赋予人文理念丰富的内涵，这样，教师的劳动也就能涌现出创造的光辉和人性的魅力。再次要体现"四个特征",即一是教学设计要具有时代性和挑战性。过去,教师过分依赖教科书和教学参考书,影响了教和学的创造性发挥。如今,新课程使教学过程中教师可支配的因素增加,课程内容的综合性、弹性加大,教材和教参为教师留有充分的余地,为教师提供了创造和发挥智慧的空间。因此,教学设计要有时代感,要体现教师对教学的理解、感悟和对新课程理念的追求。二是教学设计要新颖、独特、具有个性化的特点。教学的智慧是共通的,不同的教学案例所凝聚的新课程精神往往也血脉相通。如何构设新颖独特且富有个性的教学设计,首先要改传统的"教案"为新课程理念下的"教学设计",不能格式化和模式化,要根据教学内容,使每一篇教学设计具有新格调、新品位和新创意。三是教学设计要充满悬念,预测教学过程中可能产生的新亮点。因为,一篇教学设计它不是一出已经定稿的剧本,而更像是一部不能画上句号的手稿,它一直处于自我校正、自我完善的动态发展之中。如果在设计中注重了这一点,才有可能凝练为可供愉悦对话的文本。四是教学设计要少而精,明确并再现"三维目标"。传统备课苛求篇幅字数,写的字数多就是备课认真,备得程序细就是好教案。如今教学设计不再苛求篇幅字数,而是求好用、实用、有新意。

新课程评价一节好课的标准不是面面俱到而是创新 德国著名的教育家第斯多惠说:"教育的艺术不在于传授的本领,而在于激励、唤醒和鼓舞。"以往评价一堂好课看的往往是这节课各个环节是否具备,"起承转合"是否连贯。尤其是那些所谓的公开课、示范课,教师们除了要使用多媒体等现代化教学手段外,另一个很重要的方面就是要处理好教学各个环节,既要有引人入胜的开头,又要有高潮迭起的中场,还要有画龙点睛的结尾,少了哪一个环节都不行,因此,许多教师在上示范课时,往往会在每一个教学环节上精雕细琢,忽视了学生自主发展,使学生的潜力不能充分发挥出来,而新课程赋予教学艺术更多的内涵,因此,新课程理念下的课堂要千姿百态、异彩纷呈。新课程评价一堂好课是看课堂师生的互动;看学生的参与面;看教学流程的独特创意；看学生的思维碰撞和智力的挑战；看师生的个性是否得到张扬。新课程给师生一个充分展示自我的舞台，更好地发挥创新精神。

追求新课程理想的境界就要提高自身综合素质 ╱

给知识注入生命，知识因此而鲜活；给生命融入知识，生命因此而厚重。新课程改革的一个最大的亮点是要求课堂焕发出生命的活力。所谓活力，即师生生命的创造力，其课堂特征是：课堂应是师生互动、心灵对话的舞台；应是师生舒展灵性的空间；应是师生共同创造奇迹、探索世界的窗口；应是向每一颗心灵敞开温情双手的怀抱；应是点燃学生智慧的火把。

新课程要打通课堂的壁垒，制造课堂的热能效应，将学习活动立体化，极大地拓展学习的外延，让学生积累文化，积淀精神。理想课堂就是磁力、张力、活力的和谐，且能用知识激活知识，用生命激扬生命，用心灵激动心灵，用人格激励人格；理想课堂就是能透过活泼的氛围、活跃的思维和活生生的教学环节，无处不见鲜活的生命在律动、在交融、在成长，无时不见活灵的智慧在闪现、在流动、在焕发异彩。课堂是"阳光地带"，课堂是"动感地带"，课堂也是"情感地带"。同时，体验到新课程学科教学要凸现学科特点不仅需要"形似"，即语文课要有"语"感、数学课要有"数"感、自然（科学）课要有"悬"感、音乐课要有"乐"感、美术课要有"美"感、品德与生活和品德与社会课要有"悟"感、英语课要有"乐"感、体育和综合实践活动课要有"动"感等；还需要"神似"，即在一种和谐的情感氛围下，将激活的知识种子播种在学生大脑的"沃土"中，实现师生情感与情感的交融、心灵与心灵的共鸣和生命活力与生命活力的对接。[1]

---

[1]　http://www.hndxc.net/show.aspx?id=85604&cid=255

/ 现代的职业理念

人类的进步离不开教育。教育大计，教师为本。随着时代的进步，科学文化的不断发展和普及，教师职业正在受到人们的普遍重视，时代也赋予教师职业新的内涵，传统的教师职业理念面临着新的挑战，正在实现着从教育型到教育服务型、从消耗型到发展型、从输出型到学习型、从教学型到研究型的转变。

/ 教育理念 /

现代教育观念是教师立教之本。教师要明确什么是教育观念，为什么要转变教育观念，从而认识到现代教育观念是教师立教的根基，是教师素质的灵魂，提高更新与转变教育观念的自觉性。

教育观念的转变是教育改革与发展的关键 /

教育观念是指人们对教育问题的认识和看法。它是一个内涵十分丰富、外延非常广泛的概念系统。大到对教育的目的、功能、作用的认识和看法，小到对某一教育现象、过程、方法的认识和看法。这些认识和看法，不管是系统的、全面的、深层的，还是零碎

89

的、局部的、表面的，我们都把它称为教育观念。可以说教育中的每个问题都存在着观念问题，它通常表现为教育过程中的观点。凡是与客观实际相吻合，能促进社会发展和个人发展的教育观念是正确和先进的，反之，则是错误和落后的。教育观念作为一种社会意识形态必然反映一定社会与时代的特点与需要，因此，在教育观念问题上，既要善于继承，更要不断地更新，树立先进的现代教育观念。现代教育观念符合现代社会政治、经济、科技、文化等变化发展的要求，反映现代教育理论研究和教育实践发展的科学成果，是对提高全民族素质和培养跨世纪人才起到促进作用的教育认识和看法。它是教师立教的根基，是决定教育成败的关键。我们每一位教师都应该自觉地在头脑中构筑先进的现代教育观念体系，做一名符合新世纪要求的教师。

教育观念的转变是教育改革发展的先导　教育观念对教育改革具有先导性和前瞻性。列宁指出："人的意识不仅能反映客观世界而且创造客观世界。"教育观念的先导性表现在教育观念对教育实践有着巨大的作用，它改变着教育的面貌，决定着教育的成败。先进的教育观念产生积极的教育行为，使教育获得成功；而落后的教育观念则产生消极的教育行为，导致教育的失败，甚至伤害了我们的学生。这是因为人的活动总是在观念的指导下进行。此外，教育观念还具有前瞻性，即先进的教育观念能够超前反映教育未来的发展趋势和对未来人才的培养要求。这是因为，人们根据已经掌握的教育规律，在一定的事实材料的基础上，通过合理的想象和推理，所建立的教育观念能够对未来作出科学的预测。这对于教师来说，显得尤为重要，因为我们所培养的人才必须适应将来社会的需要，同时也必须为他们终身着想。

教育观念的转变是当代教育发展的必然　教育观念转变的紧迫性首先来自时代和形势发展的需要。科学技术突飞猛进，国际政治风云变幻，国力竞争日趋激烈，教育事业从来没有像今天这样与国家的安危、民族的兴衰息息相关。因此，切实转变教育观念，推动以提高民族素质为根本宗旨，以培养学生的创新精神和实践能力为重点的素质教育已经成了时代的最强音。其次，教育观念转变的紧迫性也是由于教育观念相对滞后的总体现状所决定的。《中共中央国务院关于深化教育改革全面推进素质教育的决定》指出："由于主观和客观等方面的原因，我们的教育观念、教育体制、教育结构、人才培养模式、教育内容和教学方法相对滞后，影响了青少年的全面发展，不能适应提高国民素质的需要。"实际状况确实如此，据一个中等城市教育督导机构对教师的问卷调查显示，我们尚有不少教师教育观念陈旧，教育方法落后，接受新的信息少，追求探索少，教学中墨守成规、刻板守旧，这种状况亟须改变。这就把教育观念转变的紧迫性突现了出来，它成为推动教育改革和发展、实施素质教育过程中不可回避的重要问题。再次，这种紧迫性也来自社会和家长的强烈要求。教师都会亲身感受到，改革开放以来，社会上广大家长对子女接受更高更好教育的愿望越来越强烈，越来越迫切。有的家长痛惜自己失去了求学的机会，把全部希望寄托在孩子身上；有的家长宁可节衣缩食，千方百计让孩子受到好的教育；更多的年轻家长从幼儿园开始就陪着孩子学琴、画画、练书法……进行艺术的熏陶和智力的开发。同时，随着素质教育的思想日益深入人心，家长的观念也在发生深刻的变化，他们不但关心孩子的成绩，也同样关心孩子在思想品德和行为规范方面所受到的良好教育。家长的期望越高，意味着对教育要求更多，教师的责任更重，更新观念的任务更紧迫。

教育观念的转变是提高教师素质的核心　　随着对教师素质研究的不断深入，把教育观念放在教师素质结构的首位已经形成了共识。南京师范大学教科所所长朱小蔓教授认为："教育思想，包括建筑在这一基础上的教育信念、教育理想，是从事教育工作的前提，既把握着方向，又提供着动力。没有科学的教育思想，就不会有教育热情，就只能做一个教育工匠。"因此，教育观念是教师素质的核心，它决定了教师教育工作的方向,是塑造教师教育行为的基础,是提高教师工作效益的重要一环。例如,我国传统教育认为"书山有路勤为径,学海无涯苦作舟",而上海语文特级教师倪谷音认为"书山有路趣为径,学海无涯乐作舟"。学习过程中的不同"苦"、"乐"观,必然会产生两种不同的教育方向,也会使教师产生不同的教育行为,因此它是提高教师素质的关键。

社会发展和个人发展总是相互促进、相互依存的,为了国家的根本利益,为了人民群众的根本利益,在新形势下我们每个教师都应该有一种紧迫感,要使自己的教育思想与教育行为符合现代教育规律和时代发展趋势,要使自己成为能够面对新世纪多方面挑战的优秀教师,首先必须重新审视自己、重新认识自己,对教育观念问题有一个全面正确的认识,摒弃陈旧落后的教育观念,构筑教育观念的新体系。

教育观念在教育改革与发展中形成 /

教育观念是人们通过对教育的观察、思考与实践而获得的认识成果,因此教育观念是人们在教育改革与发展的实践过程中逐渐形成的。

教育观念产生于教育实践 一位伟人曾说过这样的话:"社会一旦有技术上的需要,则这种需要就会比十所大学更能把科学推向前进。"教育也是如此,社会发展使教育这一培养人的特殊的社会实践不断产生新的需要,使人们对教育不断产生新的认识和新的看法,正是这种需要的推动,把教育推向前进。如果我们把注意力集中在一位教师的教育观念上,那么就会发现,教师的教育观念和教师的教育实践活动是紧紧地联系在一起的,正是教育实践过程中发现的问题、提出的问题,激发教师去思考、去探索、去寻求,产生新的想法和看法。

譬如著名教育改革家魏书生刚当教师时,也曾认为对自己的学生,理该我讲你听，我管你服，做了不少脱离学生实际的无效劳动，吃了不少苦头。一种"进行有效劳动，品尝成功喜悦"的强烈愿望，使魏老师萌生了民主科学的教师观。魏老师曾要求自己的学生每天在操场上跑5000米，以增强体质锻炼意志品质。他采用民主的方式和学生商量、商量、再商量，分了快跑、慢跑、走路三个组，学生在他耐心的教育过程中，心服口服地接受并坚持下来了。从上述事例可以看出，教育实践活动总是不断地提出新的问题，迫使我们去研究、去创新，从而形成新的认识。因此，教育实践就成了产生新观念的不竭源泉、转变观念的直接动力。

教育观念在教育实践中发展　一个认识或看法产生以后，是否正确，需要经过教育实践的检验，同时也只有通过进一步的实践才能不断地完善，并趋向于成熟。在这方面，上海闸北八中的成功教育研究就是一个典型的事例。上海闸北八中的教师在成功教育思想的指导下，确定了这样的教育信念：每一位学生都有成功的潜能，每一位学生都有成功的愿望，每一位学生都可以在原有基础上获得多方面的成功。从1987年开始第一轮试验，经历了一个不断进行实践，认识不断深化的过程。如课堂教学模式开始时是"帮助成功"，针对学习困难学生以往反复失败的实际，教师们满腔热情地帮助学生成功，实施"低起点、小步子、多活动、快反馈"教学方法，使学习困难学生成功的信念得到恢复，基础知识和能力得到提高。用上海闸北八中刘京海校长的话来说，"帮助成功"对应的教育观念是"相信每一位学生都能教得会"，而"尝试成功"所确立的教育观念则是"相信每一位学生在教师指导下都能学得会"。可以预见，随着"自主成功"模式试验的展开，又将确立新的教育观念。从这一事例，我们清晰地看到，在不断地实践、认识、再实践、再认识的过程中，新的教育观念得以确立起来。

教育观念的获得也来自书本知识和间接经验　实践出真知，但这并不排除源自实践的书本知识和间接经验。事实上，我们常常在学习教育工作指导思想、学习教育科学理论和学习优秀教师先进经验的过程中获得新的认识和方法, 建立起新的教育观念。譬如改革开放以后, 不少国外教育理论引起了教育工作者的关注, 像苏霍姆林斯基教育思想就在我国产生了很大的影响, "教育的理想就在于使所有的儿童都成为幸福的人"、"让每一个学生都抬起头来走路"等名言激励着世界各国的教育工作者。他的《巴甫雷什中学》、《给教师的一百条建议》、《和青年校长的谈话》、《要相信孩子》等等论著深受广大教师的喜爱, 启发灵感, 产生顿悟, 使人们对教育形成新的认识。苏霍姆林斯基思想来自他在巴甫雷什中学进行的长达30年的"教育实验", 也来自他孜孜不倦的学习。苏霍姆林斯基能从一位普普通通的中学校长成为举世闻名的教育家, 学习起了关键作用。这就启示我们, 要获得先进的教育观念, 在投身实践的同时必须重视理论知识和间接经验的学习。

素质教育的实施, 有力地促进现代教育观念的形成　转变教育观念是一项艰巨的任务, 但客观存在决定主观认识是谁也抗拒不了的真理。有这样一句充满哲理的话: "许多东西都有一个时机, 时机一到就在不同的地方发展, 就像春天的紫罗兰处处开放一样。"教育观念的转变也有个时机问题, 它是教育自身发展到今天提出的必然课题。众所周知, 教育观念转变的要求与素质教育的提出紧密地联系在一起。20世纪80年代中期以来, 素质教育逐渐成了教育界最热门的话题, 上上下下都在谈论素质教育, 关注素质教育, 推进素质教育。教育理论界对素质教育的研究、探讨十分活跃, 教育第一线对实施素质教育的探索、实验更是如火如荼, 涌现出湖南汨罗、山东烟台等许多区域性推进素质教育的先进典型和无数已经取得丰硕成果的先进学校。可以说, 教育观念的转变和素质教育的推进已有了一个很好的氛围, "紫罗兰"正在我国教育园地中"处处开放"。古希腊的普罗塔戈说过: "头脑不是要被填满的容器, 而是一把需被点燃的火把。"现代教育观念就是教师从教之路的火把。在新世纪的挑战面前, 奋斗在教育前沿的广大中小学教师, 只要从转变教育观念入手, 不断地完善自己, 提高自身素质, 就能有的放矢地进行教育实践，完成时代赋予我们的实施素质教育、培养一代新人的重任。[1]

/ 价值理念 /

当今社会正处于转型时期，学校德育必须研究社会发展特别是经济活动这把双刃剑给青年学生带来的负面影响，把培养学生正确的思想，树立正确的价值观放在首位。人们普遍感到，当今学生的思想品德问题日益突出，很多同学缺乏理想，追求功名主义、个人主义、拜金主义、享乐主义非常严重，图安逸，少进取，善恶不分，美丑不分。如何使他们形成正确的价值观，把他们培养成祖国建设的合格人才是摆在广大教育工作者面前的问题。只有坚持以科学的理念为引领，坚持以人为本，始终把培养学生确立正确的价值观放在德育工作的首位，以严格的管理规范人，以高尚的精神引领人，以优秀的文化熏陶人，以丰富的活动感染人，才能开创生动活泼、富有实效的德育工作新局面。

以严格的管理规范人，在养成教育中收获品质 /

教育就是培养学生的良好习惯：爱护学校一草一木、一架钢琴、一张桌子；生活节俭，不互相攀比，不乱花钱；按时作息，合理安排课余生活；坚持锻炼身体，有健康的兴趣爱好……革除不文明、不健康陋习，告别不文明的行为，从每一个人做起，从现在做起，从一言一行做起，做文明的使者、礼仪的先锋。组织学生围绕日常生活小事，开展"告别校园不文明现象"大讨论，开展"人人都是文明形象、事事都是文明行为"的主题班会活动，让"勿以恶小而为之，勿以善小而不为"的观念影响学生的道德习惯。一个会学习的人，首先是一个会生活的人。学会生活的关键是良好习惯的养成，而良

95

[1] 沈海祥, 周雯. 教育观念的转变与更新[M]. 北京: 中国和平出版社, 2000: 68.

好习惯的养成无疑渗透于学生日常生活的细微之中。

"要引导广大干部群众特别是青少年树立社会主义荣辱观，坚持以热爱祖国为荣、以危害祖国为耻，以服务人民为荣、以背离人民为耻，以崇尚科学为荣、以愚昧无知为耻，以辛勤劳动为荣、以好逸恶劳为耻，以团结互助为荣、以损人利己为耻，以诚实守信为荣、以见利忘义为耻，以遵纪守法为荣、以违法乱纪为耻，以艰苦奋斗为荣、以骄奢淫逸为耻。"胡锦涛同志关于树立社会主义荣辱观的重要论述，明确了我国社会当前基本的价值取向和行为准则，体现了中华民族传统和改革开放的时代要求，具有很强的思想性和现实针对性。荣辱观，是人们对荣誉和耻辱的根本看法和态度。它是世界观、人生观、价值观的重要内容。树立正确的荣辱观，是形成良好社会风气的重要基础。特别是在青年学生人生观、价值观出现偏向的今天有特别重要的意义。

以高尚的精神引领人，在人格发展中树立标杆 /

有人说，在教育价值观发生深刻变化的宏观背景下，我国教师正在悄悄进行一场历史性的角色转换：由教书匠向教育家位移。从这个意义上来说，作为教师，必须不断完善自己，超越自己，发展自己。这其中，"以身立教，树立高洁的师德垂范意识"应成为教师永无止境的目标和追求。实践证明，教师自身的良好形象，潜移默化地影响着学生，是无形的教育资源，是学生形成正确价值观的重要外因。所谓"学高为师，身正为范"，教师应该注意自身的形象，养成良好的职业道德和高度的责任心，一身正气，用平时的一言一行去感染熏陶学生。

著名教育家苏霍姆林斯基说："形象地说，学校好比一种精制的乐器，它奏出一种人的和谐旋律，使之影响到一个学生的心灵——但要奏出这样的旋律，必须把乐器的音调准，而这种乐器是靠教师、教育者的人格来调和的。"教师是直面学生的，是构建平等、民主、和谐的师生关系的主动者。正如《学会生存》一书中所阐述的那样："教师的职责现在已经越来越少地传递知识，而越来越多地激励思考：除了他的正式职能以外，他将越来越成为一位顾问，一位交换意见的参加者，一位帮助发现矛盾论点而不是拿出真理的人"。"亲其师"方能"信其道"，所谓品德孕育品德，人格孕育人格。教师一定要不断提高自身的人文修养，使自己的思想境界、道德情操得到净化，使人格得到完善，成为学生最直接、最可信的榜样。

以优秀的文化熏陶人，在书香氛围中陶冶性情 ╱

把握学校文化特征，提升学校文化内涵。校园文化是学校物质财富和精神财富的总称，它包括精神文化、物质文化和制度文化，是学校师生在长期教育实践中所创造的一种团体意识和精神氛围，是一种学校师生共同创造的人生观、价值观的总和，是维系学校团体的一种精神力量。作为一种环境教育力量，优良的校园文化有利于陶冶学生情操，树立正确的价值观，构建学生健康人格，促进学生全面发展。

浓郁校园书香氛围，创建学校育人特色。青年学生的精神需要是丰富多彩的。如何使青年学生在人生价值目标的选择上由一味地追求时尚、追求物质享受转而为追求精神享受、丰富精神世界，关键在于是否能够为学生创造足以充实学生心灵世界的学习环境。我们要在注重传承历史、充分挖掘校园文化的育人功能的同时，不断融入现代教育因素，营造浓郁的书香氛围。一方面加大图书馆的经费投入，着力做好图书馆的装备扩建工作，增加图书数量，提高图书质量，丰富学生的阅读资源；另一方面着力引导学生爱读书，会读书，读好书。学校可在每个班级中设立一个小书柜，里面放着学生自己捐献出来的心爱的图书，为学生的课外阅读提供有力的补充。此外，教师还应在每学期初为学生开列专业方面的阅读书目。

书籍，传承着人类文化的结晶，是人类宝贵的精神财富，"打造书香校园"是素质教育全面推进的需要，是学校进一步发展的需要，是每一位学生健康成长的需要。人们常说："生活当中没有书籍，就好像没有阳光；社会发展没有书籍，就好像失去阶梯"。同样，我们认为青年学生若能以书为友，以读书为乐，必能从根本上提高学生的审美情趣和人文底蕴，必能从根本上使学生远离拜金主义、享乐主义的侵蚀，矫正人生航向，找回自己。

以丰富的活动感染人，在自我发展中升华情感

在诸多需要中，自我实现的需要是人的需要层次结构里最高层次的需要，它是指人们希望完成与自己的能力相称的工作，使自己的潜力、能力得到充分的发挥，成为自我期望的人物。从学生的成长过程来说，素质教育是对学生精神的唤醒与潜能的释放；从师生的双边活动过程来说，素质教育更注重教师的价值引导和学生的自主发展。社团活动是充分发挥和挖掘学生的内在潜能，全面提升学生多方面素质，促进学生自主发展的有力载体。

近年来，各学校纷纷组建各种社团，各社团活动精彩，成果不断。社团活动中，同学们热情洋溢，积极投入，充满活力，增强了主体意识和合作能力。心理学家阿德勒强调，人都有追求卓越的本能。学生们在活动中被激发起了寻求发展、追求卓越的内在需求，形成了促进成长的强大内驱力，体验着内在素质和科学价值观生成的快乐和满足。实践表明，丰富多彩的社团活动使学生们的精神面貌发生了巨大的改变，更加热爱学校、热爱集体、热爱生活，更加朝气蓬勃、坚韧有力。活动所产生的影响和意义是极为丰富而深远的。[1]

[1] http://nmgyouerjs.fxl2011.teacher.com.cn/GuoPeiAdmin/UserLog/UserLogView.aspx?UserlogID=29667

/ 学生理念 /

千年的师道尊严在人们头脑中形成了根深蒂固的影响，传统教育观念、学生观对教育教学行为的影响是深远的。传统的学生观将学生置于被动的地位，认为学生是接受知识的"受体"，被动地接受教师讲授的知识，忽视学生的学习主动性。新课程倡导以人为本的教育理念，教师的教学行为要从学生的需要和学生长远的发展出发，学生是教学的主体，他们是活生生的人，是有着鲜活思想和自我意识的人，教师的教学行为必须从这一观点作为制定教学目标，设计教学程序的出发点和基点。因此，我们要不断学习、吸收现代教育思想，努力树立现代学生观，另一方面还要用现代的学生观检验我们的教育行为。

新一轮基础教育课程改革，正由试点实验阶段走向全面推广阶段。新课程，向学生、也向教师提出了许多新的问题、新的挑战，其中之一便是教师应该如何看待学生。在实施新课程中，学生是核心，新课程的核心理念是"为了每一位学生的发展"，为了每一位学生的发展，我们的教师需要主动地、自觉地抛弃传统的师生观，而建立一种积极的、有效的新型师生关系。

教师心中要有学生 /

学生是教育的对象，教师一切的教育行为都应是为着学生生存发展的需要，这是现代学生观的一个基本判断。然而教育实际中，却常常出现教者自行其是，心中没有学生的现象。如课上提问学生，学生答不上来，教师常常"怒发冲冠"，动辄罚站、训斥、责骂。其实对于学生而言，这样做不但无助于问题的解决，反而打击他们的自尊心、自信心，又有损于师生之间的感情。再比如，找学生面批作业，见到明显"低级"错误时，教师常会十分生气，言语多严厉，甚至斥责学生。静而思之，面批本是好事，旨在帮助巩固提高。殊不知,严厉之语,斥责之声,非但不能帮学生,反而伤及学生脆弱的心理,又不利于增进师生感情,可谓好事没办好。教育实际中,这一类好事没办好的情况恐怕不是少数。体罚、变相体罚等现象的存在,不能说与此无关。如果教师能做到心中有学生,那可能就是另一种情形了。

研究学生、研究学生的心理、探究学生学习的健康心理、培养学生心理发展能力非常重要。它体现了"以人为本"的思想,体现了"以学生为主体"的学生观。有了正确的学生观,教师就会在教学中采取恰当的措施,鼓励学生掌握学习主动权,再辅以教学方法的引进,就能充分发挥教师"因势利导"的作用,学生才会真正成为"学习的主人",这对学生发展的意义不可估量。"我们应当尽可能使学生牢固地掌握学科内容,我们还应尽可能使学生成为自主而主动的思想家。这样的学生当他在正规学校结束之后,将会独立地向前迈进。"

教师要增强服务意识。有学者将教育列为服务行业,"提供优质的教育服务"的提法也屡见报端,作为学校,作为教师就应该为家长和学生提供良好的教育服务。家长送子女到学校读书,就应该让子女享受良好的教育服务。然而,受到传统的"师道尊严"思想影响的相当一部分教师,一下子难以接受为学生的学习服务的角色定位,或者嘴上接受而教育教学行为依旧沿袭老一套。令学生围着教师转,让学生处处听从教师的安排,忽视学生的需要,不顾学生心里所思所想……这些做法在教育教学实际中没有吗? 怎么办? 教师要自觉转变思想,树立为学生需要服务的意识,教师要能正确地给自己定位。

正确地评价学生 /

通常情况下,教师对学生的水平的估计往往偏低。当然,我们不否认学生的智力发展水平存在着个体差异。但这种差异其实并不如人们想象的那样大。心理学研究表明，除极少数智力超常和明显迟钝的儿童外，大多数学生都属于"中人之智"，他们学习成绩的好坏，往往是由其他原因造成的，不完全由于智力的差异。有些被我们判定为"学困生"的学生，在从事他们喜爱的某项活动或游戏时，他们所表现出来的聪明才智，甚至可以超过某些优等生。可见，只要我们能够真正唤醒这些学生的沉睡的求知欲，使他们像喜爱这些活动或游戏一样地喜爱学习，他们肯定不会比那些优等生逊色多少。

重视学生心理能力的发展 ╱

近几年来，把心理学理论的活水引进教学的天地，已成为广大教师的共同认识。心理学理论告诉我们：动机是学生学习的关键，是情感手段的主要方式之一；兴趣是人们倾向于认识、研究和获得某种事物的心理特征，它能有效地诱发学习动机、强化学习动力、调动学习积极性；情感是学生对学习态度的体验，是沟通教与学的纽带。因此我们的教师要积极研究学生的学习心理，提高课堂教学心理调控的水平。可见，探索学生学习的心理奥秘，使教学活动尽可能地符合学生心理特点，这是提高学生学习效益的必要保证。

强化学生强烈而向上的学习动机　学习动机是直接推动学生学习并达到目的的内驱力。著名学习心理学家布鲁纳认为，最好的学习动机莫过于学生对所学课程本身认识上的需要，以及发现知识的信心。因此，我们在教学过程中，在充分利用教材本身的价值以及新奇、疑难之处，引起学生思维内部的冲突，激发需要，使之产生学习的内驱力，从而主动地去学习。语文教育家、特级教师魏书生在语文教学中注重研究学生的心理，激发学生学习的动机，把它作为最可靠、最基本、最主要的依据，迅速而有效地提高了语文教学的效率。他一年大部分时间是在外地讲学,但他所任教的学生语文学习正常并成绩优秀。

培养学生浓厚而持续的学习兴趣 学生的学习兴趣,是提高学习积极性的最现实、最稳定的因素,是构成教学艺术愉悦功能的重要因素。据说特级教师钱梦龙小学成绩极差,从小学一年级到五年级先后共留过三级,教师们都说他是"聪明面孔笨肚肠"。他对学习一度完全丧失了兴趣和信心,逃学几乎成了家常便饭。当第二次上五年级时遇到了一位自称"终身难忘的好教师"武钟英,教国语,当班主任。这位武老师从钱梦龙爱画画看出他并不如大家说的那样笨。于是就让钱梦龙去买一本《王云五小字典》,说是可以教会他用四角号码查生字。第一次"玩"字典的新奇使梦龙很快掌握了四角号码查字法。武老师很满意,又交给他一个任务:每学一篇新课文时都由钱梦龙负责解释生字新词。这份自豪的工作使钱梦龙干得特别认真,并逐渐对国语课产生了兴趣,也对学习有了信心,其他各科成绩也开始"体面"起来了。这一教学范例启示我们:一名优秀的教师必须正确认识自己的对象,同时要帮助学生正确认识自己,并激发其兴趣,给其信心。

激励学生丰富而热烈的情感 现代心理学研究表明,情感因素是人们接受信息渠道的"阀门",在缺乏必需的丰富激情的情况下,理智处于一个昏睡状态,不可能进行正常的工作,甚至产生严重的心理障碍。因此我们要努力激励学生丰富而热烈的情感,以保证信息的"发送"与"接受"的畅通。

正确对待学生的不同角色 /

把学生当作学生 在传统的教学理念中,我们将学生看作是学习的机器,对于学生总是有各种各样的要求,但从来不考虑学生的要求,是将学生看作机器,而不是作为一个人。因而，在新课程理念下，我们首先要将学生看作学生，看作一个人，一个活生生的人。学生的首要任务是学习科学文化知识以及培养自己的良好的思想道德情操。学生要以学为主，这种学习是一种以学生为主体的学习，是以学生为中心的学习，而不是教师的强行灌输。只有"把学生当作学生"，我们才能更好地履行"教书育人"的神圣职责，义不容辞地对学生施以"引导"、"指导"、"诱导"、"辅导"、"教导"乃至"训导"才有可能"导"出新课程的成功。

把学生当作朋友 教师要敢于打破"师道尊严"的传统观念，不再强调"学生必须服从教师"，而要坚持把自己放在与学生平等的地位，建立一种民主平等的师生关系。把学生当作朋友，意味着要和学生在一起生活、在一起交流自己的思想情感、人生观、世界观，要对学生平等和信任。在教育教学过程中，教师要善于和学生交朋友，以平等的朋友身份培养学生的主体意识，使之在平等的地位、民主的氛围中自觉自愿地、乐此不疲地参与教育过程以及教育活动。

把学生当作老师 随着知识经济的到来，知识的更新已经是日新月异。现在的教师，已不再是"唯一的知识拥有者"；现在的学生，也不再是"期望的知识接受器"，其中有些学生某些方面的知识已超过了部分教师，由于目前获取知识的渠道之多，即使在教师所执教的本学科上，也有不少信息——学生已经掌握了，而教师却还毫不知晓。这没什么关系，"师不必贤于弟子，弟子不必不如师"，问题在于：我们教师应该虚怀若谷，不耻下问，心悦诚服地把学生当作老师，向他们学习自己所不知的东西，并以此举进一步激发学生的学习兴趣，做学习的主人。

把学生当作同学 新课程、新教材给教师和学生带来了全新的面貌，一切都得从头开始。学生固然需要教师的教学与引导，但教师也同样需要接受一定程度的培训与指导（其实，一些教师平时所依据的《教学参考书》、《教案设计》等等，均如同一位

"不说话的老师")。这在某种意义上，便让教师与学生具有了相同之处。因此，教师可把学生当作同学，主动地与学生密切合作，共同探究，给学生创造一种宽松和谐的对话环境，教师与学生在一起各抒己见，畅所欲言，在彼此交流、互相沟通及坦诚的碰撞中，成为深受学生欢迎的"学习上的好伙伴"。

把学生当作儿童　联合国《儿童权利公约》明确指出："儿童是指18岁以下的任何人，除非对其适用之法律规定成年年龄低于18岁"。从联合国的定义来看，我们的学生都应该属于儿童的范围。作为儿童的学生应该有自己的童心，有作为儿童的特有的性格和爱好。作为教师就应该将学生看作儿童，对于儿童的要求应该符合儿童的身心特点。[1]

/ 发展理念 /

人的成长，取决于个体的特性和潜能的发挥，取决于人的自我实现的能力，自我教育，自我发展是把发挥学生的主体性作为施教的前提。彰显学校"自我教育，自我发展"的办学特色，因此，教师首先要把学生真正当作主体性的个体，当作是具有发展和完善自身的能动体，是充满活力而有着发展潜能的人。尊重其人格，平等相待，关注每一个学生，并赋予其应有的权利。要淡化强制与约束，更多地给予启发，诱导与鼓励。还要尽可能为学生的自由探索与发展提供更多的机会，让处于发展中的学生更多地按自己的兴趣和意愿去学习或做事，在边学边做的过程中，发挥自身的潜能，不断增强智慧与社会责任感，学生一旦拥有了自主发展的空间并掌握了自主发展的主动权，就会取得显著成效，并终身受益。

[1]　http://xxgk.yn.gov.cn/canton_model1/newsview.aspx?id=1427153

重视让每个学生德、智、体、美诸方面素质获得和谐发展 ／

马克思主义认为，教育的本质就是育人，使一个自然的士人变为社会的人。江泽民指出："正确引导和帮助青少年学生健康成长，使他们能够德、智、体、美全面发展，是一个关系我国教育发展方向的重大问题。"我国教育方针所指的全面发展，是使学生各方面素质都能获得正常、健全、和谐的发展，学生的脑力和体力、做人与做事、继承与创新、学习与实践同样不可偏废。人的全面发展就是个体的脑力和体力充分自由的发展。我国社会主义制度为人的全面发展准备了充分的条件。教育要为人的全面发展服务。

人的身心是一个和谐发展的整体，人的认知、情感和意志应该互相支持、协调发展。学校不能只重视智育而轻视德育，忽视美育和体育。智力因素是学生发展的基础，非智力因素是学生发展的动力。教育在传授知识的同时，不能忘记塑造人格，教师在关心学生学习成绩的同时，更要关注学生的内心世界。教师要从每个学生的个性特点、认知特点和特殊教育需求出发实施教学，既鼓励冒尖，也允许在某些方面暂时落后。人无全才，"合格加特长"就是有用之才；承认差异，扬长避短，人人都会展现出独特的才华。

当然，全面发展并不等于平均发展，更不等于学生学习成绩门门优秀。在未来社会中，全面发展并且学有所长的复合型人才，其社会适应性和生存竞争能力更强，发展潜力和成功几率也最大。学有所长，业有所专，才能更好地服务社会。人的智力结构，通常有很大差异。学生不可能什么学科都学得很好，或长于文史，或长于数理，或长于制作，或长于艺术，这是正常的情况。人无全才，如果只限于、心于"补短"，则必然没有时间和精力去"扬长"。"全面发展"、"平等对待"不等于"统一规格"、"平均发展"，求全责备有可能导致平庸。每个学生都有特殊的天赋和潜能，教育应当成为"扬长"的教育，不能只心于"补短"而压抑有特长的学生。

促进学生个性的健康发展 ╱

"让每个人的个性得到充分自由的发展",是马克思主义学说中的重要观点。社会进步为每个人的充分发展提供机会与空间,而个人的充分发展又是促进社会进步的基础与条件。促进儿童发展的教育,应当是适合儿童的教育,而不是寻找适合教育的儿童。

传统教育中"告诉"为主的教学方式,剥夺了学生思维、选择和尝试的权利,只能扼杀学生个性发展和创造能力的发挥。个性与创造性密切相关,千人一面的教育模式,难以培养创造型人才。每一个儿童都是一个珍贵的生命,每一个学生都是一幅生动的画卷。教师应当体会儿童生命的最大丰富性和主动性,关注学生成长与发展的每一点进步,帮助学生发现自己、肯定自己。要让更多的孩子有所选择,让更多的孩子能够表现,让更多的孩子陶醉在成功的喜悦中,让更多的孩子拥有健康的心态、健全的人格和自信的人生。

培养学生的爱好与特长,是促进学生个性发展的重要方面,而不是个性发展的全部内容。有个性才能体现创造性,发展学生的健康个性,就是要承认并且尊重学生的个性差异,形成每个学生的独创性。在教育的目的、内容和方法上,要把多样性作为一种有价值的东西、一种财富来加以接受。教师应当学会:面对有差异的学生,实施有差异的教育,实现有差异的发展。

使学生生动活泼主动发展 ╱

成长无法替代,发展必须主动。培养健全人格,保护学生个性的前提,要促进学生自身积极主动地发展。素质形成是一个持续不断的内化过程，内化的不可替代性，决定了教育活动必须充分发挥学生的主体性。教师是学生成长的引导者、学生发展的领路人，而学生本人才是成长的主人、发展的主体。人的主体性只有在活动中才能形成，只有在活动中才能发展。主动参与，有助于学生自觉掌握科学知识和相关的思想方法，获得自我表现的机会和发展的主动权，形成良好个性与健全人格，在参与性活动中向自我教育的最高境界迈进。

研究与实践表明，责任心和自主选择有着密切联系，"要我做"与"我要做"的主动程度，表现在学生身上大不一样。学生自主选择的愿望是强烈的，学生主动发展的潜能是巨大的。教育工作者要善于在多样性教育中为学生创造选择的条件，扩大选择的范围，发展选择的能力。给孩子一些权利，让他自己去选择；给孩子一些机会，让他自己去体验；给孩子一点困难，让他自己去解决；给孩子一个问题，让他自己找答案；给孩子一种条件，让他自己去锻炼；给孩子一片空间，让他自己向前走。

"带着知识走向学生"，不过是"授人以鱼"；"带着学生走向知识"，才是"授人以渔"。教师是学生成长的引导者、学生发展的领路人，而学生本人才是成长的主人、发展的主体。人的主体性只有在活动中才能形成，只有在活动中才能发展。主动参与，有助于学生自觉掌握科学知识和相关的思想方法，获得自我表现的机会和发展的主动权，形成良好个性与健全人格，在参与性活动中向自我教育的最高境界迈进。

主动选择带来主动的学习，提供学生选择的教育，才可能是有效和成功的教育。要保证学生的自主选择、全面发展，就要提供可供学生选择的内容。除了必修课程之外，还要有丰富多彩的选修课和活动课。有条件的学校，应允许学生在选修课范围内选择课程，允许学生在必修课范围内选择进度。学校应当让学生自主选择，家长参与选择，教师指导选择，管理保障选择，最终使学生学会选择，形成个性，体验成长的快乐。

/ 人才理念 /

中小学教育是人的终身发展的奠基工程,中小学教育的质量在很大程度上决定着一个人的发展方向和发展规模。决定人的发展的重要因素,比如优秀的道德品质,良好的生活和学习习惯,学习兴趣和好奇心,探索精神和创新能力,大都是在中小学时期基本奠定的。常言道:"三岁看小,七岁看老。"这句格言蕴含着一个深刻的道理,就是儿童时期的学习和发展,决定了一个人终身的发展。中小学教师身处教书育人的第一线,中小学教师的一举一动都能给孩子留下终身道德影响。因此,教师的人才观念、成才观念、育人观念将长久地潜移默化地影响着学生的成才过程和结果。

树立全面发展观念,努力造就德智体美全面发展的高素质人才 /

树立全面发展观念,就是我们经常强调的德智体美全面发展。全面发展的内涵,一是坚持育人为本,德育为先,坚持社会主义核心价值观,生动活泼地开展德育工作,体现时代性与针对性。二是努力提高学生的学习兴趣,坚持理论与实践的统一,知和行的统一,鼓励学生的批判思维和创新精神的培养,引领学生学会学习。三是牢固树立健康第一的思想,加强学生的体育锻炼,不断增强学生的体质,重视学生的心理健康,培养学生积极向上的健康心态,养成健康人格。四是加强美育,提高学生的审美能力和艺术修养,开齐开好艺术类课程。五是加强劳动教育,培养学生的劳动观念、劳动态度、劳动技能和社会实践能力。

树立人人成才观念,面向全体学生,促进学生成长成才 /

人人成才观念的内涵,一是人人都能成才,人的才能受先天遗传的影响,但环境和教育是成才的关键,只要为每一个人提供适合的教育,他都能成为对社会的有用之才。二是人人都有权成才，接受教育发展自己是每个公民的权利和义务，教育的目的就是为每一个人成才服务。三是为人人成才服务，面向每一个学生，办好每一所学校，在集体教学的情境下兼顾学生的个性发展，才能使每一个学生获得成才的机会。

树立多样化人才观念，尊重个人选择，鼓励个性发展 ╱

多样化成才观念的内涵，一是人人成才并不意味着人人都成为相同的"标准件"，也不意味着人人都能成为"拔尖人才"。人才是有规格和层次的区别的。经济社会发展不仅需要拔尖创新人才，也需要各种复合型人才、实用技能型人才和普通劳动者。人尽其才、才尽其用是我们的成才理想。二是要适应经济社会对人才的多样化需求，成才培养就要多渠道、多模式、多规格、多途径，要办好各种类型的教育，为各种人才的成长铺就广阔的道路。三是人才的多样化发展要建立在每个人的个性发展的基础之上，尊重个性特点和个性选择是培养多样化人才的关键。

树立终身学习观念，为持续发展奠定基础 ╱

树立系统培养观念，为持续发展奠定基础，是现代人才培养观念的重要内涵。从某种意义上说，人才不是学校培养的，是在社会这个大学校造就的。学校教育要为人的一生发展奠基，学校应该做好"夯实地基"的工作，要特别关注学生良好习惯的养成和探究创新精神的培养；学校和教师要想到小学、中学、大学的有机衔接，学校教育与社会教育的传承；学校教师要与家庭、社会教育密切配合；加强学校之间、学校和社会之间的联手与合作，实现教育资源的共享，形成体系开放、机制灵活、渠道互通、选择多样的人才培养体制。

/ 法制理念 /

教育法制观念是现代教育观念体系中的重要组成部分，是人们关于教育法规的思想和观点。教育法制观念作为人的一种自觉的心理活动，直接影响着人们执行和遵守教育法规的自觉性。教师职业的性质和特点，要求教师应具有较强的教育法制观念，在教育教学中自觉遵守和执行各种教育法律法规，依法执教。但有些教师受传统教育思想的影响，教育法制观念淡薄，致使侵犯学生合法权益的事件屡次发生。

校园侵权行为的主要表现 /

一是体罚或变相体罚学生。如有的教师对学生拳打脚踢，有的教师让学生相互打耳光、扯耳朵或头顶书本罚站，有的教师惩罚学生做俯卧撑、跑步，几遍甚至几十遍地抄写作业等。

二是侵犯学生的隐私权。教师隐匿、毁弃或私拆学生信件；教师随意披露学生隐私，偷看学生日记等。

三是侵犯学生的人身自由。教师把学生锁在室内反思自省；教师肆意惩罚学生不让其休息，不让其吃饭；一名学生违纪，全班学生都被长时间强留教室受罚；为查找丢失物品而搜查学生身体或者搜包等。

四是歧视排斥后进生，侵犯其接受教育的权利，侮辱谩骂学生，侵犯其人格尊严。如有的教师讽刺歧视后进生，劝其退学；有的教师怕后进生影响班级成绩名次，不让后进生参加考试，按成绩排座位等。

教师教育法制观念淡薄的原因 /

校园侵权行为，严重侵害了学生的身心健康，更损害了"学高为范，身正为范"的教师形象，同时触犯了国家的法律法规，给教育在社会上造成了极坏的影响。

一是历史原因。由于我国历经两千多年封建专制统治，社会意识相对独立，致使部分教师深受儒家伦理思想的影响，与现代教育观念产生代沟，一时难以转变。部分教师以"一日为师，终身为父"的"家长式"心态管理学生，甚至成为学生眼里的暴君。有的教师怀着师道尊严与清高，去追求"至圣先师"的理想人格，把自己置身于无比尊贵、不可冒犯的地位，而把学生看作役使的对象，任其教化与摆布。"家长制"作风在教育教学中反复出现，"人治"取代"法治"，老师不惜对学生大打出手，进行人格侮辱来维护师道尊严。

二是现实原因。其一表现在部分教师的人生观、价值观产生偏差，产生拜金主义思想。由于我国经济体制改革和市场经济的冲击，不少教师重权利、轻义务，不安心教学，把取得金钱和名誉作为一切工作的出发点，放松了思想改造、道德修养和政治学习，对教育教学工作敷衍了事，在学生管理上听之任之、不负责任。其二表现在工作生活圈子的狭隘化，部分教师一年四季把自己封在校园内，把自己全部固化在教书育人上，缺乏对外部世界的了解，思想僵化，跟不上时代的发展，甚至出现自我封闭、不愿同别人交往的自卑心理。其三表现在随着社会的进步和法律的完善如《义务教育法》、《未成年人保护法》等法律的颁布实施，以及学校对学生法律常识的教育，学生的维权意识不断提高。当学生的权利受到教师不法侵害时，学生敢于据理力争，对传统师生关系产生冲击，冒犯了教师的"尊严"，诱发教师的过激行为，从而导致教师的违法犯罪。其四表现在国家教育行政部门和学校在加强对教师普法教育方面存在薄弱环节，往往只注意教师业务素质和教育教学成绩，而轻视了对教师师德培养和法制教育。

提高教师教育法制观念的方法与途径

依法治国，建设社会主义法治国家，是我国治国的基本方略。教育的立法并逐步完善，促进了依法治教的进程，也对教师的法制素质提出了越来越高的要求。因此对教师进行教育法制知识的教育，增强其教育法制观念，提高依法执教的能力已成为一项紧迫工作。

教师要树立现代教育思想，建立民主、平等的师生关系　教师必须从传统的教育观念中解放出来，加强现代教育理论的学习，努力提高思想政治素质、业务素质，以适应当代素质教育的要求。首先，教师要有良好的职业道德，对学生要有一颗爱心，关心爱护学生，把学生当作具有独立人格的人来看待。其次，教师应具有与时代精神相通的教育理念，形成对事业的责任感和自豪感。要尊重学生的主体作用，关注学生的发展，把知识、智慧、爱心全部奉献给学生。再次，教师要有健康的心理素质，在教育教学中保持乐观的心境，稳定的情境，要有宽容心，能够容忍学生的无知、过错。第四，要积极与学生沟通，建立"教师向学生学习"、"教学相长"的平等关系。第五，教师要成为学生学习的参与者、合作者，建立平等、民主、和谐的师生关系。在教学中和学生平等对话、沟通交流，尊重学生的主体地位，克服唯我独尊、师尊生卑的传统思想，做学生求知做人的向导，尊重学生的创新性，克服"我为中心，知识权威"的思想。现代教育思想的树立和平等、民主师生关系的建立，为教育教学营造了一个和谐、愉快的氛围。观念支配行为，教师素质的提高与现代教育理念形成，有助于正确处理教育教学中发生的突发事件，防止过激行为的发生，有效避免侵权行为的出现。同时教师在教育过程中，认真贯彻党的教育方针，用正确教育思想指导教学行为，通过不断反思与改进，可有利于促进教师教育法制观念的形成。

加大普法力度，加强对广大教师教育法制知识的宣传与学习　对教师的法制教育，要提升到实施依法治国的高度，使广大教师在加强专业知识的同时增强法律意识。在工作中树立"法律至上"的观念，做到知法、懂法、守法、用法，依法执教，更好地担负起教书育人的职责。加强学校的教育法制制度建设，使学校教育教学工作制度化、规范化。教师教育法制观念养成是一个过程，不能一蹴而就，要充分认识法制观念的培养与实施法制教育的长期性。教育行政主管部门以及学校须把这项工作当作一项系统工程来抓，不能走形式，要坚持不懈，要定期与法制教育部门联系，根据人们的法律意识和守法品质不会自发形成的特点，可采取多种手段与措施，进行有意识、有目的、有针对地灌输与培养，现身说法、典型案例分析、法制知识讲座等都是行之有效方法。在学习内容上，要以马克思主义为指导，学习关于社会主义民主法制思想的重要论著。进行包括宪法、刑法、民法，以教育法律法规为重点的学习。把学习法律知识与守法用法结合起来，坚持理论联系实际的原则。在教育教学的实践中，时刻以法来规范自己的行为。在守法用法的实践中，不断地提高自身的法制能力与素养。

建立健全学校的用人机制与制度　　学校人事制度改革，将有助于建立良好的教育教学秩序，是推行依法治校，依法执教的一个重要方面。实行教师资格认证制和聘任制，坚持教师持证上岗，将无资格从事教育的人员清理出教师队伍，保持其纯洁性，即保持了其整体素质的高水平。坚持聘任制，定期对教师的师德、法制素养、业务能力等方面进行考核考查。及时辞退那些师德修养差，法律观念淡薄，业务能力低下的人员。通过加强教师队伍的建设，对教师在依法执教方面提出更高的要求，使其从事的工作与法律紧密结合，提高广大教师学习法律知识的紧迫感和自觉性，不断增加有关教育教学工作的法律知识储备，提高依法执教的水平。[1]

[1]　http://club1.fxl2011.teacher.com.cn/topic.aspx?topicid=653557

/ 平等理念 /

平等理念的含义及理论阐述 /

从政治、经济、法律、人格等许多方面讲，教师和学生当然是平等的。平等理念专指教学活动中尤其在课堂上师生之间需要逐步建立的一种带开放性和民主性的全新的合作关系。

以往，师生不平等理念的表现形式是很多的：教师片面地认为学生是纯粹的"接受者"，重点研究"怎样教"，很少研究"怎样学"；课堂上，教师"霸道地"唱独角戏，学生只能是"法定"的观众。学生想当演员，甚至想演主角，但这种权利被剥夺了；教师搞"填鸭式"教学，学生不喜欢这种方式，仍要硬着头皮接受；一旦学生形成有争议的观点、脱俗的思想和超前的行为，将不受欢迎，甚至遭禁止。教师有意无意地培养了学生顺从的性格，严重贻误了学生创造潜能的开发……教学中长期存在的不平等现象，从反面说明了逐步培育师生平等理念的极端重要性。师生平等理念是进行教改活动不可缺少的思想基础，是建立复线型下水文练笔体系的前提。唯有依据平等理念，才能真正实现"教师为主导，学生为主体"的目标。在平等理念支配下，教师高度重视教学活动的另一半——学生的参与。教师要放下多年来做长辈的架子，恰当地置身于跟学生平等的位置，充分发扬教学民主，培育宽松和谐的教学环境，不再是单枪匹马地完成教学任务。学生是"教学的主体"，只有学生广泛地参与教学活动，教学活动才能真正地体现出开放性和民主性。可以说，没有教学民主的真正实行，就称不上是真正的教改，想大面积地提高教学质量就只是一句空话。

转变观念，构建师生平等的课堂氛围 /

在新课程背景下教师要转变观念，转变角色，由一个引导者转化为学生的伙伴者。要把学生当成学习的主人，教师首先力争营造一个平等、合作、民主的课堂氛围，放弃容易造成师生对话障碍的三尺讲台，和学生换一下角色，坐下来和学生一起学习，一起交流，甚至让学生主动上台做老师。教师可设计让学生上台当老师，讲解解题思路。教师自己则可坐在学生的座位上适时进行组织和引导，把学生看成是自己的同事，如："×老师，你能将你的想法说给大家听听吗？""×老师讲的话，大家听明白了吗？""如果不明白，谁愿意再当老师到台上讲解？"学生在教师的引导下，不妨让学生讲授，可以通过学生来扮演，从而在教学过程中学生们的气氛空前活跃。我想最重要的是因为学生自己上课，"师生"平等，可以随便提问质疑、发表见解，不管这个见解是多么的不和正或可笑。从同学们的课堂积极参与上，课后的总结，可以看出这是一堂成功的课。我想，心理上的放松是这堂课成功互动的关键。

新课程体系要求建立平等和谐的新型师生关系。这个和谐的关系可能更多的教师要能够"退一步"或"降一级"，营造师生平等交往的氛围，学生才会因为被尊重和关爱而备感温暖，学生也才会全身心地投入到教学活动中生动地展示自己，形成创造性思维火花。

当好平等中的首席 ／

华南师范大学教育科学学院的郭思乐教授在他的《教育走向生本》一书中给生本教育下了定义：生本教育就是为学生好学而设计的教育。这与当前我们国家新课程标准中的学生是学习的主人，学生自主学习、自主探究、小组合作等教育教学理念是一脉相承、息息相通的。生本教育理念下的师生关系最科学的说法就是"平等的首席"。

当好平等中的首席，教师首先要目中有人 生本教育体系有三个基本理念：价值观，一切为了学生；伦理观，高度尊重学生；行为观，全面依靠学生。可以说生本教育体系的核心理念是"一切为了每一位学生的发展"，要求全面关注每一个孩子。我们不能再培养犬儒和书虫，我们培养的应该是真正的主人。这就意味着要求教育工作者既要关注每一位学生，用"心"施教，体现教师的人文关怀，力求从"目中无人"到"心中有人"。小学的教育应当是呵护健康、快乐、正直精神之发育；中学教育应当是提供自我发现时期精神成长之家园；大学教育应当是促进精神之深化和升华！现实让我们痛苦地看到基础教育的现实，我们刻意强调和要求学生勤奋刻苦，让学生的脑力长期进行过强机械活动、过度消耗，从而带给学生过重的心理压力和精神负担。

在这个世界上，一个人所能拥有的最高权利就是给自己的生命赋予意义的权利，一个人所能享有的最大尊严就是真正按照自己的意愿去生活。当有学生苦苦地寻求成为一个人的途径和意义时，他们却往往被认为是有问题的学生，是让教师和家长头疼和烦心的学生。因此，现实教育的最大最根本的问题是人文关怀的缺失——对学生、对教师，教育要求什么都考虑到了，但就是没有考虑到鲜活独特的"人"。在新课程的课堂中需要我们先放下象征王权的教鞭，收回我们的话语霸权，把学生看作和我们平等的人。尊重学生的个性，强调学生的个别差异，重视人的主体性和创造性的发挥。

当好平等中的首席，要精心预设、动态生成　一堂课当然需要教师去精心设计，在课堂上启发学生就知识内容提出质疑，然后教师当堂引导。这就需要教师关注学生的原有经验、关注学生的生活、关注学生的兴趣，尊重学生作为一个特殊的人的发展。在课堂上我们要去捕捉他们的亮点，让学生闪烁出思维的火花与智慧的光芒；教学关注的焦点不应仅停留在教材和课堂上，更应关注学生的现实生活和可能生活，让师生一起带着问题走向教材，走向生活。在教师精心设计中自然进入师生对话教学环节，有的问题是其他学生解答，有的则是老师引导发问的学生解答，有的又是老师解答。

这样一步一步引导学生有序思维，水到渠成地得出结论，环节十分清晰，整个过程大气、灵气、朝气，流畅朴实，没有雕琢的痕迹。教师要尽可能满足学生的表现欲望，让生命释放活力，尊重学生的选择，让学生自主张扬，整个课堂呈现出非线性和随机的特点，实现知识的动态生成。

当好平等中的首席，师生要共营与共赢　体现生本教育理念的新课程改革主张善于利用和开发课程资源，这不仅指知识、能力，也包括如何开发与培养学生正确的情感、态度、价值观。所有课程参与者都是课程的开发者和创造者，课程是师生共同探索新知识的发展过程。课堂内容不应是绝对客观的和稳定的知识体系，课程实施不应注重灌输和阐释。课堂上教师和学生一种平等的对话关系，师生之间通过沟通达到"和解"，实现真正的共营与共赢——教学相长。教师讲课与学生探究交往互动的过程，不仅反映教艺是否精良，更体现教师的师德师风是否高尚。教师的立场、观点，对事物的认识乃至世界观、价值观直接影响着学生，都潜移默化地影响着学生，展示着课程的高雅。[1]

/ 评价理念 /

　　自从有教师以来，教师就事实上受到了学生、家长及社会的评价，但正式的教师评价制度，却直到20世纪50年代才开始在西方发达国家产生，这主要是基于要提高教育的质量，就必须提高教师质量的理念。所以，20世纪50年代后在许多国家，教师评价成为了解师资队伍状况、监控教学过程的重要手段，教师评价被作为一种规章制度，甚至被作为一种法律写进有关的法案中。

[1]　http://www.sy.e21.edu.cn/show_news?news_id=51723

新课程下的教师评价理念 /

从20世纪70年代到80年代末，我们主要关注的是教师教学效能评价。这种评价重视通过学生的学习结果来评价教师的教学效能，要求教师对学生的学习结果负责。教学效能评价作为管理教师的一种手段，主要用于获得各种重要的管理决策依据，其结果常常用于决定教师的留任、晋升与奖惩等，是一种单向性的、指令性的、终结性的评价。

教师教学效能评价在发展过程中不断受到各方面的挑战。许多学者认为教师教学效能评价隐含了许多问题，首当其冲的就是为什么学生成绩就等于教师教学的绩效？教师到底应对谁负责？是对工作描述中的工作职责负责，还是要达到特定的绩效标准，或是使学生达到规定的成就水平？此外，教师教学效能评价应针对单个教师还是某一学校的群体教师？并且学者们强烈批评在这种评价制度下，教师并不能发挥主动性和创造性。

发展性教师评价，强调教师评价应关注教师的不断进步与提高，评价的目的不是为了作出奖惩决定，而是用于诊断教学中存在的问题；评价的功能是总结经验，以利于进一步改进。发展性教师评价是一种形成性评价，实施的目的，是要让教师充分了解学校对他们的期望，并根据教师的工作绩效，确定其个人的发展目标，以便进一步为他们提供培训和自我发展的机会，从而提高他们的工作胜任力。在新课程改革中，关注教师职业发展的发展性教师评价理念逐渐占据了主流地位。

新课程下的教师评价方法 /

新课程改革提出，发展性教师评价指标旨在打破唯"唯学生学业成绩的马首是瞻"来评价教师工作业绩的传统做法，杜绝仅仅以考试成绩或升学率作为评价教师的唯一标准，使教师评价方法多样化，提倡教师互评、家长参与评价和学生参与评价。但是，新课程改革所倡导的新型教师评价方法，在实践运用中显现出了偏颇。

教师间的相互评价 教师间的相互评价近来被教育理论界不断提倡，在理论上教师同行间的评价是平等、有效促进教师发展的评价方法之一。但是，一线教师却对此没有什么好感，他们普遍认为"教师互评"你评我，我评你，看似民主，实则危害不小。因为在你、我、他之间存在着密切的利益关联，尤其在学校的"末位淘汰"制度还存在的时候，教师评价在事实上关系到每个教师的"生死荣辱"。一旦别人的名次上去了，就意味着自己的名次下来了。在这样的情景下，难能做到以公正的心态参与评价，"教师互评"的实质就是为了评出"末位"。从而，"教师互评"不但无端增加了教师间的猜疑、扩大了教师间的矛盾，产生了内耗，而且使评价无法发挥其形成性和发展性功能，使评价的功能大打折扣。

家长对教师的评价 为体现新课改、新理念，改革教师评价制度，学生家长代表被请到学校。让家长参与教师评价，以此作为教师评价的重要依据。从理论上来说，家长作为孩子的法定监护人，为孩子的发展负责，他们有资格对教师进行评价。然而，在实践中问题接踵而来，首先，由于家长间本身存在的巨大差异，如家长的认识、偏见、定势作用等因素对教师评价带来的负面影响；其次，在中国的特殊现象依然是许多家长更多的是看重孩子的分数，"分数才是硬道理"，不可避免地出现对教师的评价和学生的分数画等号的现象，从而使家长对教师的评价有失公允，也缺乏有效性、全面性和合理性。

学生对教师的评价 与教育行政人员、教师同行以及学生家长相比较，学生与教师接触的时间更多，他们有许多机会来了解教师。所以学生的评价作为一种反馈性评价为教师后续的工作提供了一个新的起点，这也使评价成为"教学相长"的契机，使教师能给自己的教学工作准确定位，对教学效果准确反思。但是，学生参与教师评价在实践中还是存在许多问题，学生往往给予那些具有亲和力、对学生要求不太严格的老师给予较高的评价，即便他们在教学目标的完成上有一定缺失；而对于那些教学要求严格的教师评价偏低；再如，对班主任的评价往往高于对其他学科老师的评价。

教师自我评价　教育理论界一直强调在教师评价中，教师本人才是真正的主体。但是一直以来，在教师评价过程，却听不见主体自身的声音，主体"失语"，所以在新课程的教师评价中，要发出主体自身的声音。但是在实践中，教师自我评价变成了年复一年的"述职报告"，不痛不痒的自我表扬与自我批评。

新课程下教师评价的反思 ╱

如何看待理论上的可能性与实践中的偏失现象，应该从理论与实践这两种角度相结合，来重新审视一下教师评价问题。作为一项真正有效的教师评价，多极主体的意见是不可或缺的，教师群体、家长以及学生的意见是教师评价过程中的一个重要信息来源，而且在目前的新课程改革中，再用传统的模式来评价教师只能产生桎梏，延缓教师的改革步伐。新的课程评价理念倡导教师评价体系的基本目的是促进教师的不断提高，为此，教育行政人员、学生、家长以及教师同行的评价结果应该互相补充，共同为教师评价提供完备的资料。

同伴磋商的教师群体　教师互评的目的是为了促进教师本人的持续发展，千万不要作为评出"末位"的直接依据。这种评价在公开的场合以协商讨论的方式来实行，进而形成同伴磋商的教师日常评价模式。这是一种通过合作教师之间互相观摩听课，讨论交流，来达到促进提高的一种评价模式。由于大家都是教师，不具有更高的权威。因而，课堂教学活动的展开和课后的交流更加真实，合作教师不仅能够为同伴提高教学质量提供重要的信息，而且也能够促进自身不断发展，为学校的整体评价的提高奠定良好的基础。

受过培训的家长　近年来，伴随着评价主体资格的深入探讨，另一个问题开始越来越突显出来，即评价者自己应该受到一定的培训，或者是指导。而对于家长参与教师评价来说，这个问题就显得更为突出了。当家长作为教师评价中的主体时，务必让家长明白此次评价的目的、评价的内容、评价的原则，以及如何公正、客观地看待评价的对象，这些都需要校方事先向家长解释和说明清楚。

匿名评价中的学生　在学生参与教师评价的过程中，学生虽然是评价主体，但大多数情况下，学生的评价还是在教师的指导下进行的。在评价过程中，学生往往容易害怕自己的评价会被告知给被评教师，而一旦评价结果不符合该教师的心意，自己就会受牵连。因此，要让学生来评价教师，就要在评价过程中建立严密的匿名制度，让学生在评价中表达出内心的真实想法。

参与评价方案制定的教师个体　教师作为一个特殊的群体，他们总是注重对自身思维、已有学习方式、动机、目标和能力的提高。因此，在评价前认真听取被评价对象的想法和意见，激发他们参与评价的积极性、主动性。评价者和被评价者双方相互协商，共同制定评价标准，这是提高评价信度和效度的一个基本前提。如果评价方案不征求被评价者的意见，责任永远和评价者联系在一起，非自我性地被动接受，意味着被评价者永远在心理上拒绝评价。

/ 超凡的职业精神

精神是人的潜在意识，是人的思维活动，是人的心理状态。它主宰人的一切活动，决定人生价值的取向。作为教师理所当然要有一种精神，一种良好的职业精神，有了这种职业精神才能肩负起社会的责任，完成历史的使命，否则，其职业行为就是盲目的，或者是无效的，甚至是与社会的要求相背离的。精神是一个抽象名词，可教师的职业精神是一道七色的彩虹，当你架起了这道彩虹，你的学生必定能把它当作一座通向理想境地的大桥，进而达到理想的境界。一句话：教师的职业精神是教师事业成功的坚实保证。

不少教师从走上讲台的那一天起，把教师这职业当成了一种谋生的招牌，认为上班、下班、上课、下课，拿国家俸禄理所当然。这是社会主义分配原则——按劳分配。如果说，这些拿着教师证，站在讲台上，握着教鞭的是人民教师，不如说他们是残害年轻生命的刽子手，因为他们不具备教师的职业精神。那么，什么是教师的职业精神呢？教师的职业精神是求真务实的精神、忠于职守精神、吃苦耐劳的精神、开拓创新的精神和无私奉献的精神等。

/ 求真务实精神 /

求真务实精神是教师职业精神的最基本内涵 /

求真务实就是求真去伪，务实去假，尊重事实，尊重科学，尊重知识。大千世界色彩纷呈，人类社会错综复杂。面对多彩的世界，涉足复杂的社会，我们必须顺自然之规律，循社会之走向，在千变万化中，以不变之"道"应万变之物。古代人的"道"就是儒家的"道忠恕而已矣"，而现时之"道"就是"忠"，忠于事物之原本，忠于周围人之品行。如果没有一种求真务实的生活态度，那么"忠"字不存，"道"之无有。可以想见，在千变万化的事物中，我们只能晕头转向，手足无措，传道、授业、解惑也便无从谈起了。作为文化的传承者，智慧的播种人，如果不能还科学以科学，还知识以知识，那就是坑害后代，毁灭民族。鲁迅先生之所以永志不忘藤野先生，其中重要的一点就是藤野先生有一种求真务实的精神。当鲁迅的人体解剖图画偏了一点点位置的时候，藤野先生细心纠正，且告诫鲁迅：实物本来就是这样，这是科学，是人体解剖图，不是美术图。

教师的责任不仅是在授业解惑，同时更是在传道，传做人之道。在教育教学过程中，教师的一言一行，一点一滴都影响着学生，学生无不是在教师言传身教中得到潜移默化，逐渐成长的。因此，教师应言必真，行必实。殊不知，教师的某一次失言会成为学生"失信"的催化剂，教师做的某一件错事会成为学生犯错的渊源。孔子说："人而无信，不知其可也。大车无輗，小车无軏，其何以行之哉？"一个人要是没有了信誉的话，那真不知道他在这个世界上怎么度过一生？这就像大车没有輗，小车没有軏一样，它靠什么走起来呢？因此，教师诚信、真实的作风意义于此。可见，求真务实的精神也就是教师职业精神的最基本内涵。

培养求真务实精神 ╱

塑造纯真而高尚的灵魂　　叶圣陶、夏丏尊先生早在《"立达学园"旨趣》中强调指出："我们的人格教育第一个要素就是诚实。社会上许多罪恶都生于虚伪，待人不诚，于是有欺诈凌虐；待己不诚，于是有失节败行。这种风气，学校教育要负大部分责任。"教书是为了育人，育人的首要任务是塑造纯真而高尚的灵魂。教师是学生做人的榜样，因而教师真实的形象和真诚的情感，对学生良好思想品德的形成具有极其重要的意义。对学生的思想品德教育，不仅要重视善的说教，美的启迪，而更要重视真的揭示。这是因为，只有真实才能令人信服，只有真情才能打动人心，只有真诚才能感化灵魂。然而，据学生反映，当前有些教师对同一个问题的看法和态度，在教室里和在办公室里是两种声音，在学生面前和在学生背后是两种行为。学生对教师的信赖实际上是对社会信赖的开始。如果学生认为教育自己的老师都是不可信赖的，那么他还能相信人间自有真情在、还能自觉地崇尚真理和学做真人吗？

一丝不苟，兢兢业业　教师的工作性质要求做学问要一丝不苟、兢兢业业。这种精神能使学生在日常生活中感受到一种纯真和负责。只有教师认真的态度和工作作风才能让学生在一种真善美的熏陶中成长，才能感受到世界是需要这种精神的，如果一个教师马马虎虎，对学问不求甚解，那他的这种不良习惯也会影响到学生的成长，是对教书育人的一种亵渎。教师在日常生活中除了是一个个体，他还是生活在社会中的一个人，除要对自己的学生负责外，还肩负着一定的社会责任，那就是要用自己的言行去影响身边的人和事，很多的社会中的人在许多事面前表现得更多的是麻木、是忍耐，但这是一种不良的风气，久而久之就会形成鲁迅笔下《藤野先生》中看枪杀中国人的看客那样麻木不仁。只有更多的教师在坑人者面前的现身，揭露他们的丑恶嘴脸，才能从一定意义上，让他们懂得坑人是不对的，认识到自己的错误才能够改进，否则社会没有正义感，风气就会下滑。

追求真理，学做真人　常言道："天地无言万物有道，人生多梦一心求真。"追求真理和学做真人，是人生最基本最诚朴的追求和品格，也是学校教育最基本最重要的任务和目的。人民教师担当着"经师"和"人师"两种角色，肩负着教书与育人双重责任，既是学生寻求真理的导师，又是学生学做真人的表率。因此，教师在传道授业上特别需要具有求真务实的精神，在铸魂育人上特别需要具有真诚坦荡的情怀，在为人处事上特别需要具有言行一致、表里如一的品德。

当前，有极个别学校和极少数教师，在评比性考试和选拔性考试中放任学生作弊，甚至纵容学生作弊，这不仅败坏了考试风气，更严重的是使学生沾染上了弄虚作假的坏习气。教学过程，是教师引导学生认识大千世界真相、理解万事万物真义、探索客观世界真理、体验人间真情、辨析世态真伪的感知感悟过程，也是促进学生掌握文化科学知识、增长才能智慧、陶冶道德情操、领悟人生意义的教化教养过程。学生在感知感悟过程中，能否获得真知灼见，关键取决于教师在传道、授业、解惑的过程中，是否具有真才实学的过硬本领。学生在教化教养过程中，是否能得到净化灵魂和升华思想的真情体验，关键取决于教师在教学过程中，是否具有实事求是的精神和求真务实的风范。

教师引导学生求真和学做真人主要依靠两种力量和品格，一种是真理的力量和求真的品格，一种是人格的力量和以身作则的品格。真理能使人格更具魅力，人格能使真理更加光辉。人格的载体是真实的形象，即说得在理，做得实在，言行一致，表里如一。全国著名特级教师钱梦龙，在对学生的教育中，言传身教、以诚育人。他"宁让学生说错误的真话，也不让学生说漂亮的假话"，自始至终以真为本，真正体现了一名优秀教师求真务实的高尚品格。

脚踏实地，诚实苦干　求真务实，是辩证唯物主义一以贯之的科学精神，是党的思想路线的核心内容，因此，作为教师，求真务实就是要脚踏实地，诚实苦干，以"内强素质、外树形象"为工作中心，营造一个精致的育人环境，锤炼一套精良的育人方法。坚持求真务实，是一生的修养，因为它是一种品格，一种境界，一种追求。只有立足教育事业，才会满腔热情地去务实，以诚待人，忠实处世，克服私欲，才会正确处理教书与育人的关系。第一，正确处理求真务实的关系，才能开拓进取。在现实中，许多教师存在与此相背的现象，只追求享受不思进取，得过且过，故步自封，庸碌无为，走进课堂，无精打采，谈起玩乐，神采飞扬；好大喜功，心态浮躁，急功近利，对待备课、听课敷衍了事，只知道贪图享受、奢侈浪费，不求真，不务实，更谈不上开拓创新。第二，锐意进取，勇于创新，对知识精益求精，不断进取，深入教学第一线，探索教研教改，才能跟上时代节奏，在求真务实中开拓前进。[1]

/ 忠于职守精神 /

责任重于泰山 ／

2008年5月12日，汶川发生8级强烈地震。全国人民心系灾区，为每一个被救出的生还者庆幸，为奔赴地震灾区前线的军人、医护人员、救援人员、志愿者的无私无畏而感动。其中，让人更为感动的还有身处地震重灾区的教师。

从北川中学学生的地震日记中看到，当强烈地震发生的刹那，教师们都用自己的血肉之躯顶住了门框，让学生先逃；用自己的身躯护住了学生；许多教师顾不上自己的孩子被埋在废墟中，拼命地抢救学生，用自己的一双手拼命地刨，能救一个是一个。这就是师德！在大地震发生的刹那，没有犹豫，就是该这么做，这就是我们的人民教师。

新婚后第一天上班的通江县洪口镇永安坝小学的苟晓超老师，三次冲进摇摇欲坠的教学楼，边喊跟班老师疏散孩子，边双手夹着两个孩子飞奔下楼，在即将跑出的

[1] http://fuzhouzxjs.fxl2011.teacher.com.cn/GuoPeiAdmin/UserLog/UserLogView.aspx?UserlogID=68361

刹那，教学楼正面两根直径1米的圆柱倒塌，砖块狠狠地砸向飞奔中的苟老师的右腿，在扑倒的瞬间，他顺势将怀中的两个孩子推了出去，孩子得救了，而苟晓超老师却因伤势过重走完了23年的人生旅程。崇州市怀远镇中学的吴忠洪老师是最不该牺牲的，当地震发生的刹那，吴老师正在教室里给学生们上英语课，他意识到了危险，一个箭步冲到门口，用力扳住摇晃不止的教室门，立即组织学生有秩序地下楼，一边在心里默数着人数，27，28，29……还有2个孩子没有出来，吴老师义无反顾地冲上楼，不顾已经跑出的学生着急地喊叫"吴老师，楼要垮了，不要上去！"就在班上29个学生撤离教学楼几秒钟后，这栋小楼轰然坍塌。当14日清晨7点，救援战士在废墟中找到吴忠洪老师遗体的时候，在他的遗体下面又抬出了两名学生的遗体。也许吴老师最大的遗憾是没能救出这两个学生，但是他在危急中冷静、沉着，让全班29个孩子获得了生命。

地震发生以来，我们的教师始终和受灾群众心连心。他们始终坚持向先进人物学习，做自己力所能及的工作，时刻践行着全心全意为人民服务的宗旨。大灾面前，他们坚强地与学生、与受灾的群众同呼吸，共命运。他把自己的"责任"看得比泰山还要重。这些仅仅是地震灾区无数奋不顾身的教师的典型事例。在他们身上，我们看到了一种精神在焕发光彩，那就是忠于职守无私奉献的精神！我们的人民教师，不愧为道德的楷模、民族的精英！

热爱学生是"师德"的基本要求 ╱

教师热爱教育事业就要爱学生。爱学生是教师职业道德的核心，是教师爱事业思想感情的自然流露，只有把整个心灵献给学生，才能沟通师生双方的感情。爱学生的感情是一种巨大的改造力量，教师对学生的爱，有别于父母之爱，亲情之爱，对学生的爱，应表现在毫无保留地贡献出自己的精力、才能和知识，"严师出高徒"，在爱的同时，还应同合理的严格要求相结合。以利于他们的成长，必须对学生"关心——知心——交心——贴心"。青年学生正处人生成长中的关键时期，处在长知识、问是非的年龄，思想活跃，好奇心强，兴趣广泛，富有想象力。因此他们需要教师为他们引好路，当好向导，教师要善于把自己融入学生群体中，与他们打成一片，既当先生又当学生，既作良师又当益友，做到知情、知性、知心，俗话说"心诚则灵"，教师只有全身心投入，把自己火热的心交给学生，做到真诚奉献，才能与学生"心贴心"，通过心灵的交流把真理的种子播入学生的心田。教师对自己职业的热爱也会影响到学生对人生的态度。教育学生要严肃对待人生今后的每一件工作。做一行爱一行不只是说说而已，真正做到这一点的绝非全部。教育是一件清苦而又神圣的事业。我们不提倡教师像清教徒那样活着，但最起码在职一天就要尽一天的职责，不是说做一天和尚撞一天钟，而是要尽职尽责不误人子弟。只要还没有新的选择，就要忠于职守现在的岗位，这也是最低的要求。

献身人民教育事业 ╱

教师要忠于职守，献身人民教育事业是"师德"的基础。教师是人类灵魂的工程师，邓小平指出："一个学校能不能为社会主义建设培养合格的人才，培养德智体全面发展、有社会主义觉悟的有文化的劳动者，关键在教师。"并强调"采取适当的措施，鼓励人们终身从事教育事业。"作为一名教师是无上光荣的，忠于职守，勤奋工作是教师职业道德的基本原则，它要求教师要有"贫贱不能淫，威武不能屈"的高风亮节，不能见异思迁，更不能唯利是图，同时要求教师对本职工作的意义价值有深刻的认识和理解，满腔热情地投入到工作中去，能顾全大局，服从国家和人民利益，舍己为人，助人为乐，最大限度地发挥自己的主观能动性和创造性，为教育事业的振兴贡献自己的全部力量。人们把教师比喻为一支"红烛"，不断燃烧自己，照亮别人，这是教师的骄傲和自豪，也是对教师的最高的奖赏。[1]

/ 吃苦耐劳精神 /

吃苦耐劳的精神是教师职业精神的宝贵精髓 /

在某些人看来，吃苦耐劳是庄稼汉的事，是矿井工的份，作为用脑、用智的教师无需吃苦，更不必耐劳。还有某些人认为"吃苦耐劳"是过去的事，应该存入"历史博物馆"，当今时代科学发展了，社会进步了，"劳"字已过，应该"逸"起来。其实这种想法是极其错误荒唐的。古往今来，劳心者不苦吗？那为何有"十年寒窗"之说，"脚磨三尺"之闻？社会进步了，发展了，就不再吃苦耐劳了吗？那为何有优秀班主任谭千秋终年无家之事，有全国优秀教师程磊十易讲稿之名，作为教师不吃苦耐劳是无法完成他的事业的。

吃苦耐劳是中华民族几千年来的传统美德，是人们赖以生存发展的源本，是教师做好教育教学工作的基础性条件，更是知难而进，勤劳奋发的具体体现。首先，作为教师要有雄厚的知识底蕴，精湛的教学艺术，超凡的适应能力，而这知识，这艺术，这能力的获得，唯一的途径是学习，学习，再学习。要像闻一多先生那样："足不出户，目不窥园，兀兀穷年"，要像郭老那样：史记通背，经书尽览。其次，老师在实际的教育教学中，面对一摞摞的学生作业，一叠叠的学生试卷，一堆堆的学生问卷，如果没有耐性，没有苦心，要圈阅好，纠正好，是不可能的。同时，为了提高教育教学质量，老师要

[1] http://www.xici.net/d71643449.htm

定教案，制试卷，为此通宵的日子许是常事，没有吃苦耐劳的精神，不成。

吃苦耐劳的精神对教师的要求 /

学校要求每位教职工要有高度的责任感，认真学习课程标准、教学建议、中考说明，认真钻研教材，知道要教什么；要认真备课，独立思考、集体研讨，尽量做到个性备课，知道怎么教；要重视学法指导，关注分层，做好培优扶差，加强对重点学生的课外辅导，知道怎么教效果更好；善于做学生思想工作，导堵结合，正面引导为主，敢于批评，知道怎样做好学生思想工作；要不计回报，善于奉献，学会在紧张的工作之余寻找快乐，知道怎么调整自己的心态。教师的工作是繁杂辛苦的，忙是对教师职业的要求，"忙并快乐着"则是教师的一种境界。

/ 开拓创新精神 /

开拓创新精神的必要性 /

开拓创新是事物发展的必然要求　"创新是一个民族的灵魂，是一个国家兴旺发达的不竭动力。"学校的出路在发展，学校的希望在发展，教师的忠诚从教，教育能力也在发展，只有在发展中求生存，提升教育教学实力，才是一个学校一个教育基地的发展根本所在。没有创新就没有发展，没有创新就没有进步。开拓创新精神是教师职业精神的重要组成部分。飞船上天，不是祖冲之的圆周率所能解答的；潜艇入海，不是瓦特的蒸汽机所能及的。这就是创新的结晶。教师是人类灵魂的工程师，在塑造灵魂，传播知识中，如果不能创新，不能发展，那么远不能完成历史的使命。可见，开拓创新是事物发展的必然要求，是时代进步的主旋律。

开拓创新精神是教师职业精神的重要组成部分　教师拥有了创新精神，工作效率就高，工作效果就好。一个数学老师要教会学生一道几何证明题可以采用多种证明方法，这就是创新；一个语文老师要教会学生写一篇习作可以多角度立意，多方面取材，多技巧谋篇，这就是创新。它不但能达到事半功倍的效果，而且培养出来的学生必定能适应环境，造福社会，否则恪守常规的教师教出来的学生只能是"知识的书呆子"，也许是和尚庙里"泥塑佛像"。胡锦涛同志在北师大100年校庆的演讲中，给教师提出了四点希望，其中重要的一点就是希望我们教师要富有开拓创新的精神。因此，开拓创新的精神是教师职业精神的重要组成部分。

开拓创新精神的培养 ╱

树立现代教育理念　首先要树立探究教学理念。教学过程应当是教师带领学生主动认知和探究问题的过程，课堂教学应以探究为切入点组织教学活动。教材仅是教师进行探究教学的一种依据，教师不能单纯教教材，而应把教材为我教，教师要做教材的鉴赏者和探求者，教科书不是学生的世界，世界是学生的教科书。学生是教师探究教学合作伙伴，师生一起研究、分析问题、解决问题。教师要做一个激励学生思考的人，为学生提供咨询的人，同学生平等交换意见的人，帮助学生发现矛盾又不拿出现成结论的人，是点燃学生智慧火花的人。其次要树立教育生态理念。学校和课堂应是一种生态环境，学生是这种生态环境中最具生机和活力的鲜活生命体，教师也是这种生态环境中的生命体。教育教学活动，应是生命体之间的情感交流、思想沟通和生命融合。学校和教师应把课堂还给学生，让课堂充满生命活力；把班级还给学生，让班级充满成长的气息；把创造还给学生，让教育充满智慧的挑战；把精神发展主动权还给学生,让学校充满勃勃生机。

超越教材　教材是具有一定权威性的,我们必须尊重教材。但教材不是法典,教材不是圣经。时代在发展,教材也在发展,教材再先进,印刷出来的日期也是昨天的。因此,作为直接与学生对话的一线教师,我们不能囿于教材。只要"适合学生的年龄特点",只要"体现时代发展的需要",都可以拿来做教材。有了这种课程意识,就能站在教材之上,把教材看作一种可以改造的客观存在,积极审视教材,科学地处理加工教材,准确地选用教材。超越教材的过程,其目的是用教材,不是教教材,就是让学生多角度、多渠道、全方位地在书本中积累文化知识,间接获得情感体验、生活经验等人生素养的过程。

给知识注入生命　大教育家张伯苓说过,要教出"活孩子"而不是"死孩子"。教师的职责就是要给知识注入生命,把孩子领到美好的学科殿堂去遨游,点燃孩子求知的欲望,绝不能把学生教成作题的机器。教师要把课堂还给学生,把讲台还给学生,把粉笔还给学生,把书本还给学生。每个孩子都可以走上讲台发表自己的见解,每个同学手里都有一支粉笔,随时可以把自己的想法写到黑板上。老师告诉学生:在我们的字典里,没有"我们没学过,老师没讲过"这句话,而只有"我试试"三个字。现在,学生都会说"我试试"。学生成为学习的主人,课堂上学生的自学是真正的自学,学生的讨论是自发的讨论。教师抓住能撞击出学生智慧火花的环节,鼓励学生把要解决的问题和学过的知识有机地结合起来,对所要解决的问题大胆设想,开创了和学生真正平等的对话平台,把思考、发现和批判的权力交给学生。一个看似简单实则很有价值的问题,引起了学生说的欲望,激发了他们的求异思维。新世纪的教育在悄悄发生着变化,教师教学中的主导作用也在发生着变化。今天的教师,注意向学生学习,把自己当作和学生共同学习的伙伴,做到和学生在课堂一道幸福成长。

如果我们把陶行知的"先生最大快乐是培养出自己值得崇拜的学生"作为思考教育、追求事业的座右铭的话；如果学生把柏拉图的"吾爱吾师，吾更爱真理"作为思考未来、实践人生的金钥匙的话，这不能说不是教育的进步，人类的进步。为生命奠基的过程，就是自我超越的过程，开拓创新的过程。只有教师富有创造力，才可能激发学生的创造欲；只有教师自己不断学习，自主地钻研探索教学规律，才有可能影响学生自主地去学习和钻研。只有在充满生命活力与和谐气氛的教学环境中，师生互动、互惠、互生，才能迸发出智慧的火花，结出创新之果。也只有经历这样的过程，教师才有战胜挑战的成长经验，才有真正的教学创新，这才是教师所应追求的职业道德的感受。

/ 无私奉献精神 /

无私奉献精神是教师职业精神的最高境界 /

四川汶川大地震震垮了秀美的家园，震断了坚实的公路，震塌了高高的校舍，然而，没有震掉人的灵魂，特别是那些在大难之中救护学生的教师们的灵魂，他们当中，尽管已经献出了自己的生命，因为，这些英雄的教师们，具有了教师职业精神的最高境界——无私奉献。在遇难的教师中，有临死前双手扒着讲台护着学生的，有临死前张开双臂抱着学生的，有在危急关头跳出去，又跑进教室救援学生的，这一瞬间，他们没有家人，没有了自己，只有朝夕相处的学生，他们的行动正充分体现了这种无私奉献的精神。作为人民教师在危急关头把自己的生死置之度外，这是最可敬的，他们是最可爱的人。

无私奉献就是不计较个人的得失，胸怀坦荡，忘我工作。它是大公的体现，是无畏的存在。无私就无畏，无畏工作担子重，无畏左右议论多，无畏路途风浪大，总是朝着一个目标进发。在平凡的岗位上，无私奉献主要表现为工作服从安排，不图名利，不计得失，把爱洒向每一个学生，把苦留给自己。实际工作中，不少教师抱怨自己学生成绩差又顽劣，并声称他们是"废物"。其实，是我们老师没有施他们以"真诚的爱"。我们认为，世上没有"废物"，所谓"废物"不过是摆错了地方而已。一个破塑料瓶，一个破塑料桶扔在地上是废物，而进了塑料再生厂，它便成了"宝"。同样，一个在学校里"好事"的学生，你认为是废物，而我们给了一份爱于他们，他们走出社会后，也许就成了"热心人"，甚至可能成为"助人为乐"的楷模。因此，只要是有益于教育教学的，我们必须争先恐后，有益于社会的我们必须奋勇上前。无私奉献精神是教师职业精神的最高境界。

努力培养无私奉献精神 ╱

　　决不放弃每一个学生　1948年，牛津大学举办了一个主题为"成功秘诀"的讲座，邀请丘吉尔前来。演讲的那一天，会场上人山人海，全世界各大新闻媒体都到齐了。丘吉尔用手势止住了大家雷动的掌声，说："我的成功秘诀有三个：第一是决不放弃，第二是决不、决不放弃，第三是决不、决不、决不放弃！我的演讲结束了。"说完他走下了台。会场上沉寂了一分钟后，突然爆发出热烈的掌声，那掌声经久不息。确实，一个人一直坚持到最后实在是比较困难的。世界上成功者微乎其微，平庸者多如牛毛就是最好的说明。成功的秘诀就是如此简单。因为在这个世界上真正的失败只有一个，那就是彻底放弃，从此不再努力。作为教育工作者，后进生问题一直缠绕在我们的心头。有些学生会令你感到一种无药可救的地步，这个时候是最难熬的，也是最容易放弃的时候。只要你坚持住了，哪怕是1%的希望那也还是有希望的，一旦放弃，那么希望就是0。不放弃每一个孩子是奉献的第一步。

对学生怀有一颗宽容的心　有这样一则故事，有个学生拿到自己58分的单元考试卷，放学后把自己留在教室里久久没有离去，老师看到了把他叫到了办公室，问他：你怎么不回家？学生哭着对老师说：老师，我妈妈说考不到60分就不让我回家。老师，你能不能借我两分，我保证下次考试一定还给你。老师听了毫不犹豫地把他的卷子改了一下，借了他两分，还跟他开玩笑说：下次还的时候有没有利息啊？不过老师相信你下次一定会把这两分还给我。等到下次单元考试的时候，这个学生考了76分，不但还了两分，利息却是超额的16分。的确，赠给学生一颗"温情的糖果"，让学生品尝"温情糖果"新鲜而甜美的滋味，可以鼓励他们不断进步，超越自我，这就是宽容的魅力，它似仁慈的阳光，照亮了孩子的心灵。这次做得不好，可以下次补回来，下次做好了，下下次就会做得更好。

当然，宽容不是溺爱，更不是明日复明日，明日何其多的放任。学生为之学生，就是因为他们有时愚昧无知，有缺点，不懂事，甚至会犯错误。做老师的，年长于学生，阅历丰富于学生，知识多于学生，涵养胜于学生，当然应该宽容学生。

让孩子在摔倒中成长起来　一个年轻的母亲带着刚会走路的孩子玩耍时，由于孩子跑得太快一下子跌倒在地，于是"哇哇"哭了起来。小孩哭着等妈妈来扶他，可母亲站在那儿没动，微笑着对孩子说："小男子汉，来，自己爬起来。"小孩哭了半天也不见母亲过来扶，自己爬了起来，按照妈妈的吩咐，拍拍土，擦擦泪。小孩子又高兴地玩去了，不一会儿又跌倒了，他知道哭也没用，妈妈不喜欢跌倒哭的小孩，很乖的自己爬起来，拍拍土，又去玩了。孩子是在摔倒中成长起来的。教师应该和那位年轻的母亲一样，与其援手扶持，不如教给他们爬起来的勇气和方法。因为没有一生的扶助，却有鼓励终生的勇气和信心。

施给学生一种会产生动力的压力 有压力就有动力,这是物理学上的一条公理,也可以引申为一条教学公理。教师应该对学生负责,平时的教就不是漫无目的。学生学得轻松固然可喜,但倘若轻松的同时没有紧迫意识则是喜忧参半,因为他们没有前进的动力。教师应时时刻刻提醒学生学习与人生前途紧密相关,现在轻松自在,不要将来落得个步履蹒跚。有经验的教师对自己任教的班级经常会适度施压,比如,对相对较差的班级总是会说:我们现在在人家的后面,你如果感觉有光的,你可以在别的班级面前大声地说我是某班的,看看他们会怎么看你?你想要人家看得起的,你就拿出你们的水平来,不要让人家把你当成笑话。而对相对较好的班级则会说:某班怎么怎么厉害,我们快被人家踩在脚底下了,等等。这样一来,这种压力就可以转化成一种激励学生学习的动力,促使他们更努力地去学习,进而提高教学质量。

在平凡的日常工作中,视教育事业如生命,做学生的良师益友 教师要认真备课,及时批改作业,随时发现学生思想上存在的问题,或集体或个别彻底解决。对教学内容做到日日清,周周清,月月结。将学生视做学习的主人,发展的主体。立足学生的未来,学生的成长,时刻提醒自己教学相长,共同发展。平等地对待学生,关注学生的全面发展,正视学生的个性和差异,把个性多样性作为一种有价值的东西,一种财富来接受,实施有差异的教育,实现有差异的发展。要积极利用多媒体教学,注意挖掘生活中的真善美来丰富教学内容。早来晚走,学生为重,顾全大局,以高尚的人格来赢得学生的信任,在平凡的现实生活中,来塑造辛勤"园丁"的形象。

教师这一神圣的职业已属于我们,我们没有理由不把自己的一切都献给三尺讲台。奉献无悔,青春无悔。无悔是人生展望无悔的未来,这一辈子也许我们只是一块平凡的基石,但是我们将稳稳地扎根地下,托起明天的高楼大厦。也许我们只是一株无名的小草,但是,我们将与芬芳的泥土一道默默地耕耘,培育出万紫千红的春天。

虽然我们早已知道那间教室里放飞的是希望,守巢的是自己。那块黑板写下的是真理,擦去的是功利,那支粉笔画出的是彩虹,流下的是泪滴,奉献的是自己。[1]

---

[1] http://www.yuwen123.com/Article/200810/37383.html

/ 高尚的职业道德

教师职业道德，简称师德，是教师在从事教育劳动时所应遵循的行为规范和必备的品德的总和。它从道义上规定了教师在教育劳动过程中以什么样的思想、感情、态度和作风去待人接物，处理问题，做好工作，为社会尽职尽责。它是教师行业的特殊道德要求，是调整教师与教师、教师与学生、教师与学校领导、教师与学生家长以及教师与社会其他方面关系的行为准则，是一般社会道德在教师职业中的特殊体现。

教师职业道德是随着教育的发展而发展的。春秋以前，教师职业道德虽然已经出现，但很不系统，往往夹杂于政治道德之中。春秋时期，孔子办私学，广收门徒，创立了许多有关教师职业道德方面的理论，并以《论语》一书集中反映了出来。其中较为著名、对后世影响较大的有："默而识之，学而不厌，诲人不倦，何有于我哉？"体现了一种有关"学""诲"的师德。其身正，不令而行；其身不正，虽令不从。不能正其身，如正人何？体现了一种"以身作则"、"言传身教"的师德。此外还有热爱学生、有教无类、不耻下问、知过而改、因材施教，循循善诱等有关教师职业道德方面的著名言论，形成了我国教育史上的第一个教师职业道德规范体系。汉代的董仲舒把"三纲五常"作为教师职业道德的核心要求，又说"善为师者，既美其道，有慎其行"，指的是教师的道德品质、知识才干、言谈举止等。唐代诗人韩愈将师德列于对教师要求的首位，云"弟子不必不如师，师不必贤于弟子，闻道有先后，术业有专攻，如是而已"。在社会主义条件下，教师是工人阶级的一部分，是人类灵魂的工程师，担负着培养共产主义事业接班人的艰巨而光荣的任务。社会主义的教师职业道德批判地继承了古代师德的优秀遗产，以共产主义道德的基本原则和行为规范为指导，从根本上区别于以往的教师职业道德，是最先进、最高尚的教师职业道德。

/ 敬业 /

要培养高素质的人才，教师必须具有全面的良好的素质，而其中敬业精神是首要的、最基本的素质。关于敬业，南宋著名哲学家、教育家朱熹认为"敬业者，专心致志事其业"。"精神"在哲学上指的是人的意识、思维活动和一般心理状态，是一种基础品质。教师的敬业精神是教师爱业、勤业、乐业、精业、创业的基本品质。

一个国家、一个民族的发展进步，关键靠人才，基础在教育。而教育的基础则是幼儿教育、小学和中学教育。然而，对于教育这一基础的基础，一些地方并不重视，对教师队伍疏于管理，导致中小学教学质量太差，学生求读他乡，生源流失十分严重。某地有个村，有十几个村民小组，村里那所小学办学历史悠久，当年是本村及周边村村民子女启蒙求知的天堂。上世纪70年代，在这所小学校园内还办过几届简易初中班。从这里走出去的学生有的还成了博士。可是，近年来教室内学生越来越少，鼎沸的教学相长情景已不再。今天全校只有25名学生、十几位教师。其中五年级只有一个学生。村子还在那儿，人口依然不少，生源之所以减少，是因为该校教师的心思根本不在工作上，打牌、脱岗是常事……由于教学质量实在太差，从这里毕业的学生升到教育质量并不好的乡初中，考试时语数两门主课相加只有十几分，也只能排在倒数第一名。就连家长带小孩到民办武术学校去，求爷爷拜奶奶，好话说尽，人家都不肯收留。鉴于这种现状，为了不耽误孩子启蒙求知，有的村民只好舍近求远把子女送往邻村就读。

胡锦涛同志强调要"着力建设高素质教师队伍，增强广大教师教书育人的责任感和使命感，加强教师职业理想和职业道德教育，提高教师综合素质和业务水平"；"广大教师要学为人师、行为世范、教书育人，当好学生健康成长的指导者和引路人"。要全面落实国家教育改革和发展规划纲要，开创教育事业科学发展新局面，教师爱岗敬业至关重要。尤其是在一些条件比较艰苦、地域相对偏远的农村中小学教师，应当忠实地履行职责，提高自己的职业道德，自觉地承担起教书育人的重任。

《中小学教师职业道德修养》指出：爱岗敬业精神是师德的核心内容。爱岗敬业作为教师职业道德的基本规范，是做好教育工作和履行其他教师道德规范的思想前提，教师只有具备了爱岗敬业精神，才能热爱学生、严谨治学、廉洁从教、为人师表、为祖国培养高素质的人才。爱岗敬业既是教师坚持为人民服务的宗旨，也是所有教师实现自我价值，获得个人满足，完成人格升华、实现个人利益的有效社会途径。因此，作为一名教师应把"爱岗敬业铸师魂"作为加强师德修养的一个重要主题，不断提高自身素质，才能适应时代需要，完成教书育人的重任。

热爱教育，热爱自己的学校 ／

教师应该热爱教育、热爱学校，树立坚定的教育事业心。只有我们真正做到甘愿为实现自己的社会价值而自觉投身这种平凡工作，对教育事业心存敬重，甚至可以以苦为乐，以苦为趣，才能产生巨大的拼搏奋斗的动力。教师的劳动是平凡的，教师的生活是清苦、清贫的。但教师在知识结构的完善方面有自求自得的充实感，在精神寄托方面有育天下英才的自豪感。在思想、信息、交流方面有"究天下之际，通古今之变，成一家之言"的独立感，在人际沟通方面有师生相处融洽谐和的亲切感。我们的工作，使无知的顽童变成了优秀学生，使迷惘的青少年成为祖国的栋梁，我感到欣慰。

人的一生应该有个明确的目标，为理想而奋斗，虽苦但乐在其中。热爱教育事业，关心学校关注事业的发展，这是每个教师都应具备的。在实际工作中，珍视为人师表这份荣耀，严格要求自己，才能赢得学生的爱戴、家长的信赖、领导的信任和社会的认同。

热爱学生，建立良好的师生关系 ╱

热爱学生，是教师所特有的一种宝贵的职业情感，是良好的师生关系得以存在和发展的坚实基础。教师对学生的爱，与一般的人与人之间的爱有所不同。它不是来源于血缘关系，也不是来源于教师的某种单纯的个人需求，而是来源于人民教师对教育事业的深刻理解和高度责任感，来源于教师对教育对象的正确认识、满腔热情和无限期望。因此，我们说，师爱是一种充满科学精神的、普遍、持久而高尚的爱。教师越是满怀深情地去爱学生，就越能赢得学生对自己的爱，良好的师生关系就越是能迅速地确立起来并得到健康的发展。这种爱的交流是学生成长的催化剂，它可以有力地把学生吸引到教育过程中来，激发学生进行自我教育的动力，推动学生朝着培养目标所指引的方向攀登。热爱学生，能够激起我们教师对教育工作的强烈愿望；热爱学生，能够激起学生对我们教师的敬重。爱，能架起师生信任的金桥。

因此，作为教师在培植和处理师生关系的过程中，首先应当做到的就是热爱学生。苏霍姆林斯基也曾经说过："我一生中最主要的东西是什么呢？我会毫不犹豫地回答：热爱儿童。"可见，乐于把爱奉献给全体学生是我们必备的道德素质。热爱学生，就要尊重学生、信任学生。尊重学生的人格和自尊心，尊重学生的个性、爱好和隐私。只有尊重学生，信任学生，才能建立一种平等、和谐的师生关系，才能培养出人格健全的学生。当然，热爱学生还必须严格要求，俗话说"教不严，师之过"，但严要有度，并不是越严越好，更不是对学生的任何一个过头行为都要严厉指责、严格要求，应该出于对学生真诚的热爱和关心。任何简单、粗暴、片面的做法，都可能给学生带来消极的影响。因此不允许教师粗暴批评、压制、体罚、训斥、辱骂、讽刺学生。俗话说："良言一句三冬暖，恶语伤人六月寒"。当学生遇到困难时，就要用热情的话语鼓励他；当学生受窘时，不妨说句解围的话；当学生自卑时，别忘记用他的"闪光点"燃起他的自信心；当学生痛苦时，应尽量设身处地地说些安慰话；当学生犯错误时，换个角度想一想，假如自己是犯错学生时需要听哪些话。对学生要有友善的态度，与学生交谈常要换位思考，使学生从心底里体会到，老师的所作是为了学生好，是为了学生的发展。只有坚持这样做，才能建立良好的师生关系，才能树起良好的师德形象。

面向全体，促进学生全面发展 /

说到教书育人，教师的爱岗敬业首先要坚持面向全体学生。作为一名人民教师，只有爱护、教育的义务和责任，没有喜欢一部分，歧视另一部分的权利，教师就是一位多孩子的母亲，每个孩子都是母亲心头肉，爱要洒向全体学生。面向全体学生就是要给予全体学生同样的关心和指导，同样的鼓舞和期望。教师应该公正、公平地对待每一个学生，满足他们求发展、求进步的需要，使学生从教师的行为中看到希望，受到鼓舞。"尺有所短寸有所长"，即使是最差的学生也有他的闪光点，在我们的实际工作中，要一分为二地看待每一位学生，努力寻找适合各自特点的发展方向，使每一个学生都能有所收获，身体素质好，成绩较差的同学，就鼓励他们在体育方面多下功夫，有特长的学生，就帮助他们选好目标，在学好文化课的同时学好专长，真正让每个学生都找到自己的发展之路。

近几年，我国的教育专家们曾一再呼吁：学校轻视教育要出次品，轻视体育要出废品，轻视德育要出危险品。因此，教师的天职便是促进学生全面发展。为适应激烈的国际竞争和我国社会主义现代化建设的需要，我们培养的人才不仅要有扎实的科学文化知识、较高的思想品德，具有文明的行为习惯和良好的心理品质，还应具有一定的创新精神和实践能力，这就需要我们教师要着眼未来，面向现代化，为学生的健康成长和发展打好各方面的基础，就要在教育实践中，把教会学生做人，学会求知、学会审美、学会健体、学会劳动有机地统一起来，同等重视学科课、活动课的育人功能，把理论和实际、动脑动手结合起来，把课内外、校内外教育结合起来，使学生的知、情、意、行和谐统一，促进学生德、智、体、美、劳的全面发展。在以往的教学实践中，重知识轻能力、重智育轻德育的现象十分严重。只要我们认识到这一点就应注意培养学生的全面发展。课堂上，激发学生的学习兴趣，使他们积极地获取知识，并注意培养学生的创新精神和实践能力；同时在课内外注意言传身教，使学生具有良好的思想品行和行为习惯。

提高学生的自主学习能力和自我发展的能力 ∕

随着知识经济时代的来临，人类也将进入一个学习社会。学习将成为一个人一生的事情。作为教师，只有使学生"学会学习"，他们才能在未来社会中拥有独立生存的能力。让学生们"学会学习"，是我们当前教育教学改革的一个重要课题。当学习成为第一需要，知识成为生命价值，创造成为人生最大快乐的时候，我们的学生就拥有了在新的社会生存的真正资本，我们的民族也就会立于不败之林。

身正为范，塑造人格魅力 ∕

"学高为师，身正为范"，教师是人类灵魂的工程师，不仅要教书，更要育人，以自己的模范品行来教育和影响学生。在教育过程中，教师往往总是把对学生真诚的爱用美好而礼貌的语言表达出来。语言文明才能取得学生的信任和良好的教育效果。古人说："慧于心而秀于言。"教师语言美，则其心必然善良而纯正，必然追求自身的道德修养。教师的仪表是教师精神面貌的外在体现，是其内在素质的反映和个人修养的标志,对学生具有强烈的示范作用,所以教师应做到举止稳重端庄,着装整齐清洁。教师的人格魅力是学生成长的重要保证。教师的人格之光对学生心灵的烛照深刻且久远,甚至可能影响学生的一生。现代教育,要求教师具有现代人的素质和高尚的人格。要有知识渊博的学者形象,要有开拓进取的创新精神,要有堪为师表的高尚品德。古人云:"其身正,不令而行,其身不正,虽令不从。"

总之,我们应做到热爱教育、热爱自己的学校;热爱学生,建立良好师生关系;面向全体,促进学生全面发展;提高学生的自主学习能力和自我发展的能力;身正为范,塑造超凡人格魅力。只有这样才能适应时代发展的需要,高效率、高质量地完成教书育人的工作任务。[1]

/ 奉献 /

教师是一个光荣神圣的职业,他慈祥亲切又不失严厉,对学生而言如同父母。我们的社会,也总是把最美好的词语送给教师:春蚕、蜡烛、园丁、人梯、工程师。相信许多人一生之中最难忘最敬爱的人就是自己的老师。然而,教师却是清贫的,选择了教师就意味着选择了责任和奉献。作为一名人民教师,必须热爱本职工作,忠诚于人民的教育事业,对教育事业具有无私的奉献精神。这是社会对教师的定义。百年大计,教育为本;教育大计,教师为本。教师肩负着传承文明,启迪未来,为国家培养人才的重任,是国家希望所在,群众期望所系。

对教师奉献的理解 /

一谈起"教师要有奉献精神",很多人会不满意,甚至会发牢骚:为什么单单是教

---

[1] http://gxyx.cersp.com/article/browse/186798.jspx

师？为什么教师就应该奉献？在强调教师奉献的时候你们做领导的又是怎样的？有这些牢骚是正常的，因为在人们的心目中，一味地强调"奉献"似乎是已经过时了，"吃的是草，挤出来的是牛奶"这样的世界观、人生观和价值观也许是人们对崇高精神境界的一种奢望了，但是我还是要说——教师是需要有奉献精神的！不管你愿意与否，这是教师这个职业所决定的。

我们来看"奉献"的"奉"字，在古汉语中，"奉"是一个象形字，是两只手捧着一个酒杯的样子，因此，"奉"的本意是双手捧着的意思。由此推断出"奉献"一词的含义就该是"双手捧着把某种东西拿出来"，也许这种推测是不确切的，但是我喜欢这个解释，因为它道出了教师这种职业的特征，说出了教师这种职业应该怎样去做好自己的本职工作。既然是用双手捧着，那就是一种非常恭谨的样子。为什么要非常恭谨地去做教师呢？首先是因为我们职业的重要性决定的。我们所从事的职业"是天底下最光辉的职业"，从小处说，它为我们的生存提供了有效的保证，如果我们不去恭谨地做好它，也许将来的某一天就会失去生存的基础，到那时，你再来想奉献也就没有依凭了。从大处说，我们所做的工作又不单单是为了自己生存，还关系到祖国的未来、社会的发展、人类的进步！虽然每一节课你也许只是为学生讲解了一个知识点、演算了一道习题、解决了一个教学难点，但是也就在这一个个知识点的链接中，培养和造就了祖国建设的栋梁之材，就在这一节节微不足道的课堂教学中，继承和发展了祖国悠久的灿烂文明！这种和祖国利益息息相关的职业，你难道就不应该去认真地恭恭谨谨地去做好它吗？其次是因为我们所面对的教育对象所决定的。大家都知道，我们的教育对象是活生生的人，"十年树木，百年树人"，培养人的工程是最为艰巨的。因为我们所面对的是一个个鲜活的生命，而教学就是一种与生命的沟通，与生命的沟通就需要时时刻刻的恭谨！也许我们的一句伤害学生自尊心的话，会摧毁他对未来的信心和对美好事物的憧憬；也许我们的一个错误的知识传授，会使学生形成一个错误的思维定式，不再去追求创造与发明；也许我们的一个毫不负责的主观臆断，会泯灭了学生的灵性，使他在浑浑噩噩中苍老终生；也许我们的一个缺乏关爱与期待的眼神，会使学生感受不到人与人之间的温暖，从而使他对整个社会充满敌意和寒冷！如果我们真的因为自己的失误，而影响了我们学生的成长与发展，我们的内心会安生吗？难道我们就不该去认认真真地恭恭谨谨地去做好我们的一切工作吗？

不过，我们提倡教师要奉献，但并不一定是要奉献自己的家庭或者自己的生命。像某某教师不惜以牺牲自己的身心健康甚至身家性命为代价换来学生的优异成绩，天刚蒙蒙亮就摸黑到校为学生补习功课，晚上月亮都升得老高了，还没有回家，批改学生的作业到子时，一天的工作几乎快要连轴转了，直到某天的某一刻由于不胜重负晕倒乃至壮烈牺牲在毕生热爱着的三尺讲台上，再没有一丝一毫的气力站起来为止。这不是奉献，从某种意义上来说，这是对人性的摧残，虽然是对自己。

对于教师而言，怎样才算是奉献？一个教师如果能够始终不渝地忠诚于党的教育事业，严谨治学，勤于求索，不断进取，树立科学的现代教育观，不断提高教育教学的质量。这就是一个教师对教育事业的最无私的奉献了。

充分调动教师奉献的主动性 ∕

当然，对于教师而言，奉献只能是教师的权利而不是义务。奉献只能是来源于教师的自愿和自发，而不是来源于社会的定义和学校的高压。然而，对于教师而言，它又与其他职业不同。它的对象是人而不是产品，产品有一定的规格，可以从一个模子里铸出来，只需要工人有娴熟的技术就能完成，但教师不行，学生是人，一个班有几十号学生，它就有几十种不同的特点，它每分钟都可以发生几十件不同的事件，如果我们的教师能够潜下心来进行教育管理，毫无疑问，这就需要教师的奉献了。

第一，学校要将教师当作学校的主体，是学校的建设者，是推动学校向前发展的主要动力，而不能只将教师作为学校教育教学的工具。要实施人性化管理、民主化管理，让教师主动地参与到学校的各项工作中去，要将学校的利益、学生的利益和教师的利益紧密地联系在一起，要让教师们都能形成"校荣我荣，校衰我耻"的主人翁观念，从而可以充分调动起教师教学工作的主动性和积极性。主动性和积极性是教师无私奉献地潜在动力。

第二，学校要引进必要的激励机制，进行精神奖励和物质奖励。对于那些能够无私奉献的教师，我们要树榜样，要宣传，要大讲特讲。学校绝对不能够出现做与不做一个样、奉献与不奉献一个样，否则，教师就会失去奉献的积极性和主动性，不利于教育事业的发展。

第三，是要让教师深刻理解"奉献"与"收获"的辩证关系。李镇西校长在《师德新思考》一文说道：我依然认为，教师职业不应该仅仅是"奉献"，或者说，这个"奉献"本身也是收获。收获什么呢？收获成长！也就是说，教师在教育过程中，应该追求一种成功感。那么，作为教师，什么是成功，"对教育的认识更加深刻，拥有的教育智慧更加丰富，他的课越上越精彩，他开始进行教育科研并取得成果，又开始写作并发表教育文章乃至出版教育著作，他开始踏上由一名普通的教师通往教育专家的路⋯⋯这都是教师的收获"，而这些，如果没有奉献，肯定也就不可能有这样的收获。

党和国家始终把教育放在战略地位，他们没有忘记人民教师，并竭尽所能地提高教师的政治、经济待遇。教师职业已经成为社会羡慕的职业。亲爱的教师们，我们又应该怎么样来坚守这个神圣的职业，去报答这份厚待呢？

温家宝同志说过，对人民的爱和奉献，是人的道德情操最崇高的表现。同样，为人民谋福祉、为社会促发展的教育事业，也是伟大而光辉的事业。亲爱的教师们，用心地投入教育工作吧，用心地爱我们的职业、爱我们的学生吧。你会在平凡的工作中升华崇高，实现自我价值，达到个人价值与社会价值的完美统一，你的生活会因此而幸福、自豪。

教师这个"太阳底下最光辉"的职业，承载着一个民族要实现伟大复兴的希望；教师这个"塑造人类灵魂"的角色，培育着一个国家要繁荣昌盛所需要的栋梁；教师这支"照亮别人燃烧自己"的红烛，昭示着要为教育事业献出自己的青春和热血；教师这个"传道授业解惑"的定位，激励着我们要用奋斗与拼搏去谱写人生的辉煌！[1]

/ 博爱 /

爱与教育是一个永恒的话题，没有爱就没有教育，教师高尚的师德，是对学生最生动、最具体、最深远的教育。

教师教育的对象是"人"，是有血、有肉、有情感、有思维的"人"。因此，作为一名教师，需要有博爱之心。马克思说："人不是一件东西，他是置身于不断发展过程中的生命体，在生命的每一时刻，他都在成为，却又永远尚未成为他能够成为的那个人。"社会赋予了教师"教育人"的神圣使命，也就是说我们的教育对象是学生，而这些人是通过我们的关心、教育使其健康成长、多学知识。

平等对待每一个学生 /

从某种意义上说，在教师的道德天平上，每个学生都应该是平等的，我们给他们

[1] http://blog.sina.com.cn/s/blog_4ed68a670100f8vu.html

的爱也应该是平等的。而实际生活中，不少教师给予每个学生的爱却偏离了这一准则，受教育质量和名利的驱使，爱的天平出现了倾斜，对学习好的学生关心备至，对学习差一点儿的学生态度冷漠，形成了"一好遮百羞"、"只见树木，不见森林"错误思维模式，殊不知这种模式对学习好的学生是一种怂恿，对学习差的学生是一种伤害，不仅不利于学生健康成长，而且严重损害了教师的师德形象，违背教师职业道德。

一个差生在作业本中写下了一段心里话：老师，"差"在我心目中有一种说不出的难受，它就像一个栅栏把我和一切都隔开，同学们羡慕的眼神少了，老师的关爱少了，想表现自己的勇气没了……老师，也许你并不知道，虽然我学习成绩差了点儿，但我一直在努力啊！说心里话我也渴望上进，渴望得到老师的关爱，哪怕是老师一个鼓励的眼神，我也许就冲入成绩优秀的行列。但事实告诉我，从不少老师的眼神我看得出，我的这点儿要求似乎有些奢侈，你是我信得过的一位老师，我只能把心里话说给你听，你也别往心里去。一个常常幻想天上掉馅饼的学生！老师看完这段话，深感汗颜的同时，内心也受到强烈的震撼。后来，这位老师有意识地注意他，不时地在其学习、生活上给予关心，培养他大胆，帮助他树立自信心，他在各方面也表现的积极主动，学习进步了，脸上的笑容也多了。请老师们及时地反思自己的行为，像这样的学生我们又忽略了多少呢？我们给予每个学生的爱平等吗？学习成绩相对差一点儿的也是我们的学生，他们在某种程度上来说更需要老师的关心和爱护，像这样的学生我们给予的爱又有多少呢？

学会接受和付出、关心和爱护 /

美国教育学会主席内尔·诺丁斯说过这样一句话：如果一个孩子在进入小学时还没有学会如何接受和付出爱心，那么这个孩子的人生将处于危险之中，他会遇到各种各样的困难，包括学术上的。反观现实，目前我们学校教育仍然遵循的是认知为本的学科教育，素质教育在推行实施，但需要一个过程。从现实角度出发，很多教师更注重学生的考试成绩，成绩代表一切，无形中把它作为衡量学生好坏的分水岭。这导致那些在学业上不成功的学生从思想上认知出现误区，认为自己成绩差了，不被老师重视，没希望、没前途了，产生自卑心理，自暴自弃，严重忽视了自身的长处和优点。从一定意义上来说，他们人生的成功也可能从此被否定了。因此，作为一名教师，尤为重要的是对学生要有博爱之心。只有教师博爱，才会赢得学生的爱戴，才能得到学生的信任和理解。

关心是一切成功教育的基石。作为一名教育工作者，应让爱心与责任扎根心中，牢固树立"大爱无言，以爱孩子之心爱学生，厚德载物，以做功德之心做教育"的育人理念。深刻认识到关爱和被关爱是学生的基本需要，只有从关心、爱护的角度来组织教育，才能点亮学生的心灯，激发学生潜能。

爱是教师最美丽的语言。要当好一名教师，就要爱岗敬业，热爱学生，爱得专心致志，爱得无私无畏！热爱学生是师德教育的核心。教师的职业道德品质是否高尚，主要从以下方面看：看他是否忠诚于人民的教育事业，能否坚定不移地全面贯彻执行党的教育方针；看他是否热爱学生，能不能做到既教书又育人。随着社会的发展，党和国家对教育的深切关注，真诚地热爱学生已被视为当代教师的师德之魂。[1]

/ 尊重 /

教育是一种师生的双边活动，应当建立在师生之间相互尊重，相互理解，平等信任的

[1] http://www.yyedu.gov.cn/newsInfo.aspx?pkId=8379

基础之上。作为这项活动的组织者和引领者的人民教师，更应当尊重学生的人格，理解信任学生，关心每个学生的健康成长，关注每个学生的德智体等各方面的全面发展，注重对学生个体的理解、尊重和关爱，培养适应社会进步的全面发展的人，这也是素质教育的核心，更是新课程改革的目标取向。

教师对学生要有爱心 /

师德的核心就是爱

温家宝说，作为教师，首先要有爱心。有一句话说，没有爱心，就没有教育。对孩子对学生要关爱，要宽容，要耐心，这样，才能体贴入微，把他们教育好，做到这一点，就要求教师有崇高的道德。师德的核心就是爱，没有爱，没有情感的教育是苍白无力的。其实在班工作中，只要把批评和处分建立在关心热爱学生的基础上，体现出对学生的真诚与期望，当学生感受到老师对自己的关心和爱护时，他们会更"倾心"于老师，更乐于接近老师，更愿意接受老师的批评教育。

"爱是教师教育艺术的基石，爱是启迪学生心扉的钥匙"。特别是后进生，爱是促进其转化的一个极为重要的外部条件。因此，对于后进生的教育，我们不应采取那种简单、粗暴的讽刺、挖苦、责骂，甚至变相体罚等形式，而应从思想上爱护他们，从生活上关心他们，从学习上帮助他们，使他们从内心为之感动，愿意接近你、信任你、听你的话，做你的知心朋友，从而消除隔阂与对立情绪，培养良好的师生感情，老师再抓住时机，因势利导进行教育，便能收到良好的效果。即使被认为是"无可救药"的人，我们都有责任和义务对他进行挽救和改造，尤其作为教师更应担负起教育、引导的责任。教师育人，最重要的品质是必须具备爱心和责任心。一位名副其实的好老师必须具备这种良好的师德和优良的职业作风，才能在教育过程中，用自己的人格形象去教育、感染学生，用自己的行为习惯去影响和熏陶学生，以产生一种潜移默化的作用。

教师自始至终都应把一颗爱心融化在学生的心田，以微笑和友谊蕴含学生的不足和过错，以情感和宽容激励学生的志趣，以高度的责任心做好育人的本职工作。我想，只要每个教师都用爱心和责任心去完成教育教学工作，就不会有"孺子不可教"的现象存在了，我们的基础教育工作就会结出丰硕的果实。我们采用的教育方式不是放任自流，更不是无原则地迁就，而是以正面引导为主，用宽容的态度帮助他们寻找良性过渡的途径。在教育的过程中，我认为和谐的师生关系是教育达到有效性的前提，当没有和谐的师生关系，教育的内容对于一个小学生来说已不再重要了，重要是学生已不再喜欢信任你了，这样的关系就是你说的再有理对学生来说已没有任何效果了。

没有爱的教育是不成功的教育

教育需要爱，没有爱的教育是不成功的教育。教育者首先需要有爱心，爱每一个学生，爱他们，如同爱自己的孩子，自己的亲人。爱的阳光沐浴每个学生，像火把照亮学生前进道路，像一面旗帜激励着每个孩子奋发向上。爱把学生的悲伤赶走，把欢乐带给学生；爱把学生的孤独驱走，把温暖赐予每个学生；爱把学生的心灵的窗户打开，幸福之花盛开每个学生的心间。作为一名教育者，要富有爱心，同情心，能将爱心洒向讲台，并将爱心与智慧结合，使教育过程变成一种美的享受。每一个学生的成长都需要教师的关爱，都离不开教师的爱的阳光沐浴。作为教师要像爱护自己的亲人一样热爱学生。在日常教学工作中，深入学生，与他们谈心，做他们的知心朋友，细心观察每一个学生。当学生在生活上遇到困难，向他们伸出援助的手；学习中失去信心时，帮助他们树立学习的信心，以增强他们的自信心。当学生沐浴到你的爱心时，他们就会克服困难，学会坚强，扬起理想的风帆，努力拼搏。

教师对学生要宽容 ╱

对学生应有宽容之心

著名作家雨果说过："世界最广阔的是海洋，比海洋更广阔的是天空，比天空更广阔的是人的心灵"。在芸芸众生中，能够形成亲近的师生关系，实在是一种缘分，教师和学生都应该珍惜。作为老师，回想我们的青春时代，曾经那样不知天高地厚，说过一些不该说的话，也做过一些不该做的事。青春是美好的，即使是过错，也是美好的。如果没有过错，就没有教训和反省，就不可能走向今天的成熟。学生年轻，不谙世事，缺乏经验，难免存在这样或那样的不足。老师是过来人，对学生要宽容为怀，不可过于苛求。对于学生的优点和点滴进步，更要适时给予鼓励，表达自己的赏识之情。越是彼此亲近的人，越是苛求对方与自己的态度和行为倾向保持一致。老师与学生的关系越密切，彼此的期望和要求就会越多，一旦哪方面不能满足对方，就可能会造成一些负面影响。不过，老师的心胸要开阔些，对学生应有宽容之心，至少应该给对方申辩和解释的机会。

对别人的过错能宽容原谅是一种美德，也是一个优秀人民教师必须具备的心理品质。作为一名老师都应该以自己的宽容，走进学生，走进学生的内心，变成学生心目中可亲可近可以推心置腹的人，这样才能顺利达到教育学生的目的。宽容是一种温柔的力量，它可以穿透人的心灵。在我的教学生涯中，我就非常注重去宽容和赏识自己的学生。

世界上没有完全相同的两片枝叶，当然更没有完全相同的两个学生。由于学生存在个体的差异性，所以作为教师对学生要宽容。对于成绩不理想的学生，对他们从不放弃，从不抛弃，与他们谈心，缩短与学生的距离，。当他们犯点错误，不要惩罚他们，耐心地帮助他们改正错误。学会尊重他们，信任他们，用同情心去唤醒学生的上进心，自信心和自尊心，帮助他们消除自卑感，解除他们的烦恼和悲伤，用热情和爱心温暖鼓励学生，做他们的良师益友。作为教师要小心呵护学生，使得师生关系融洽，就这样，学生的学习积极性提高了，才能有利于培养学生的创新思维和创新能力。

我们老师应该有宽容的胸怀，对待学生的个性发展，充分认识学生某一时期的成长特征，认可他们这一时期的个性特征和行为特征，让青少年保持该年龄段的天性。老舍先生主张维护儿童天真活泼的天性，不可强求，更不可处处约束。老师对学生的评价要有宽容的态度，不是处处以纪律和规章制度约束他们，而是用理解和宽容来认可学生的少年天性，再引导和培养发展他们的个性。

宽容不是放纵

当然，宽容不是放纵。俗话说，严师出高徒。因此，老师在对学生宽容关爱的同时也要严格要求，密切关注其心理动态，在学习、科研和生活方面悉心指导。对学生所存在的缺点，要善意地及时指出；面对学生所犯的错误，该批评时不能含糊，但一定要注意批评的方式和方法。

宽容是智慧的善良，是悟透人间之难的觉醒，是对人类的爱和信心，是睿智，是勇敢，是寂寞冬夜里飘然降来的春风，让我们教育生涯中多吹一些这样的春风吧。

教师应平等对待每个学生 /

承认和尊重学生的差异

学生的差异是客观存在的，我们就应该承认和尊重学生的差异。这种差异要求教师针对不同学生，创造适合每个孩子全面发展的教育，在教学中我们应该实施分层教学，使每个学生在各自的基础上得取发展，使每个学生都能品尝成功的喜悦，只有这样才能使学习困生不被老师遗忘，树立学习自信心，也才能让优生向更高的目标迈进，培养出更多有创新能力的尖子生，让每个学生都取得更大的进步。

尊重学生的独立人格

我一贯提倡教师要尊重学生的独立人格，因为尊重学生的人格是教育的前提。尊重学生的独立人格不仅包括他的优点和长处，也包括他的缺点和短处。有些教师因为"恨铁不成钢"或是疾"恶"太严，缺乏宽容的气度，没有认识到学生的人格价值和品质，就难以和"差生"沟通，从而无法取得较好的教育效果。苏霍姆林斯基说过："赞扬差生极其微小的进步，比嘲笑其显著的劣迹更文明。"事实上，只要对"差生"多一些宽容和赏识，多用发展的眼光看待他们，帮助其分析症因，提出应对策略，就能使他们的潜力得到开发，而这种潜力一旦被挖掘出来，迸发出来的力量是惊人的，甚至一点不比"优生"差。

现代教育要求教师尊重学生，只有尊重学生，平等地对待每一个学生，信任学生，教师才可能深入学生的内心世界，聆听学生的心声，准确把握学生的心理状态，才能与学生进行心灵的沟通，最终才能收到良好的教育教学效果。教师的一举一动，影响着每一个学生，为人师表。学生需要老师的尊重，教育如果能顺应或激发学生的这种需要，就能最大限度地激发学生的潜能，使他们在自己的最近发展区得到最好的发展，教育就能取得成功的效果。

作为一名教育者，需要有爱心，爱每个学生，因为每个孩子都渴望得到教师的那份宽广而深厚的爱，平等地对待每个孩子，用发展的眼光去看待每一个学生，虽然他们存在差异，但他们有不同的优点，渴望教师像伯乐一样去发现他们的优点，得到教师的鼓励和赞扬，得到教师的肯定与信任，只有这样他们才能快乐地成长。[1]

宽容

宽容是一种重要的道德品质，它是指一个人在与他人的交往中，有容人之量，特别是能

[1] http://tieba.baidu.com/p/715890429

宽恕别人的过失的道德行为特征。教师要保护孩子固有的好奇心和求知欲，保护孩子的童心和纯真，保护孩子的求异和"可爱的错误"，保护的前提就是宽容。教育需要宽容，教育呼唤教师的宽容。

教师要有宽容之心 ／

教师以教书育人为天职，教书难，但育人更难。我们每天面对一个个活生生的各有不同个性的学生，如何才能教好他们？尤其是在他们犯错的时候，该怎样教育学生？最重要的是教师要有宽容之心，允许学生犯错误，少批评多表扬。美国作家马克·吐温曾经夸张地说：一句好的赞语能使他不吃不喝过上两个月。俄国教育家乌申斯基说过："儿童憎恨的是任何时候也不能从他那里得到表扬和承认的老师。""赠人以言，重于珠宝；伤人以言，重于剑戟。"学生在被关爱的同时，也学会爱教师、爱集体。学生没有好坏之分，只有先后之别，不要把学生"一棍子打死"。

教师要有宽容之行 ／

教师需要多方面的良好素质，但是在教育教学活动中，教师必须具有宽容之心，才能使我们的教育教学成功。作为教师的我们，在教育学生时，要对学生做到宽容、尊重、理解，这是任何学生都渴望得到的。教师学会理解，尊重和宽容，就是找到了和学生交流沟通的钥匙，不仅适应新课程标准的要求，也是适应素质教育的要求。

人是需要刺激的。有了刺激，人的行动才能得到强化。人又是具有丰富精神活动的动物，因此，表扬和鼓励比物质的刺激重要。它就如温暖的阳光，能使小树焕发生机，使学生健康成长。有人说，学生调皮捣蛋，老捧着他们，怎么行？其实你只要有一颗爱学生的心，把他们当朋友，去欣赏他们，你一定会发现学生的许多优点和可爱。那么，教师应该怎样学会宽容呢？

第一，教师要拥有一颗爱心。著名的教育家陶行知说："没有爱就没有教育"。对于教师来说，拥有一颗爱心是很重要的，爱心是教育的前提和基础，只有有了爱心，教师才会懂得怎样宽容学生。教育必须要在爱的基础上建立，少了爱就无法实施教育。只有拥有了智慧的爱，与学生平等相处，才能与学生达到真正的心与心的沟通、心与心的互换。要想让他们愉快地接受你所传授的知识或做人的准则，首先就得摆正你们之间的关系，以学生为主体，充分发扬平等、民主、和谐的师生关系。允许学生犯错；允许学生争论；允许学生发问；允许学生对教师提意见等，让学生有话想说，有话敢说。教师拥有了爱心，拥有了宽容心，学生便拥有了广阔的天地，拥有了学习的内动力。如果教师还能及时地发现学生的一些优点、一些长处给予表扬、鼓励，对学生将是莫大的安慰，可使他们在学习中感受到无穷的乐趣。

第二，教师应学会欣赏人类丰富的差异。但我们应理解差异，接受差异，更要尊重差异，欣赏差异。我们应该树立"没有两个指纹完全相同，也没有两个人完全相同"的观念。同时，也正是因为有了差异才让我们这个世界变得更加丰富多彩，更加奇妙无比。在班级所在同学中，他们有的美术好，有的音乐好，有的语文好，有的数学好，有的热爱学习，有的热爱劳动……他们之间相互学习、相互帮助。在对待"差生"的问题上，老师给了他们更多的宽容和爱心、更多的理解和尊重，并带领全班同学给予了他们更多的关怀，让他们充分发挥自己的优势，再加上老师和同学们以欣赏的眼光看他们，使他们感到自己和别的学生一样的快乐、一样的幸福。

第三，对待学生表扬比批评有效得多。有人认为，给学生表扬多了，他们的尾巴就上了天。可美国一位心理学家曾拿两个班做实验，一个班专门批评，另一个班专门表扬，结果，受表扬的班的智力水平、成绩状况均好于另一个班。还有人认为，这不是恭维、阿谀逢迎吗？其实，我们不妨以大人为例，如果你的上司总是鼓励你，你工作起来就会感觉非常舒心，而因为一些疏忽和错误就一味地批评你，那你就会工作干劲不大，那么学生更是如此。因此，"高帽子"只要是真诚的，发自内心的夸奖和赞誉，学生是一定能在不断地激励中逐步前进的。有位学生的字总是写不好，没有一次合格的，老师就采取鼓励的办法，哪怕发现他有一个字写得有进步，都及时加以表扬。后来，这个学生的进步很惊人，班上写字比赛时还得了奖。在教学工作中，若能变着花样去表扬每一个学生，将收到意想不到的教育效果。

第四，教师应学会尊重、理解学生和相信学生。尊重意味着承认某人或某事的价值，尊重学生就是要尊重他们所提的建议，尊重他们提出的问题，尊重他们所犯的错误……也许你要问：错误也得尊重吗？是的，一个人不就是在错误中成长的吗？失败是成功之母，没有错误就不会有成功。某班有一个叫王淼的女生，从来不敢在课堂上回答问题。班主任再三与她谈心后才知道：她在原来的班上，有两次答错了问题，被同学们嘲笑了，从此她再也不敢举手了。于是，老师对她说："王淼，别怕，只要是你自己想的，哪怕说错了，你也是很了不起的孩子！"她疑惑地望着老师，老师又很肯定地说："真的，在我们班里，只要你动了脑筋想问题，哪怕回答错了，老师和同学们都不会笑的，而且还会认为你是个爱动脑筋的好孩子呢！"此后的某一天，她终于轻轻地举起了手。老师惊诧极了，急忙请她起来回答。至于她回答得对与错，老师已记不清了，但却记得在自己表扬了她的勇敢、同学们给以热烈的掌声之后，她笑了，笑得是那样甜，那样幸福，那样自信。从此，她的小手一次又一次地在课堂上高高举起。对于教育，重要的不是得出正确的结果，而是在于走向正确的那个过程。这个过程是最有价值，最值得回味，也最能使人幸福的。所以，应该给学生一个犯错误的空间，并充分尊重他们、理解他们、相信他们，站在学生的角度想问题，解决问题。[1]

/ 诚信 /

《师德与教师职业》中有一个小故事：美国一所中学28名学生在完成一项生物课作业时，从互联网上抄袭了一些现成的材料，被任课女教师发现，判28名学生生物课得零分。他们还将面临留级的危险。在一些学生家长的抱怨和反对下，学校要求女教师提高学生的分数，女教师愤然辞职，学校有近一半的教师表示，如果学校要求教师改分数，他们也将辞职。教师们认为：教育学生成为诚实的公民比通过一门生物课的考试更为重要。社会上一些公司也要求学校公布这28名学生的名单，以确保公司永远不录用这些不诚实的学生。案例中，学生抄袭作业无疑是不诚实的表现，而这位教师不仅要求学生做到诚实守信，而且自己首先做到诚实守信，坚持原则，以自身正直的道德人格力量引导和感召学生和教师。

诚信是一个流行词，曝光率非常之高。在全社会都高谈诚信的时候，我们更应该来好好思考一下什么是诚信，怎么样做才是真正的诚信？这非常有必要。

诚，即真诚、诚实；信，即守承诺、讲信用。诚信的基本含义是守诺、践约、无欺。通俗地表述，就是说老实话、办老实事、做老实人。我们中华民族自古以来就崇尚诚信，有"一诺千金"、"一言九鼎"、"人无忠信，不可立于世"的古训。曾子杀猪的故事我们并不陌生，他以实际行动给儿子上了一堂极其重要的人生第一课，教会了他做人的根基是诚信，又教育了多少代人。"商鞅变法，取信于民"为建立诚信守约的社会风气和社会法制标新立异。商家合法经营，是诚信；人们之间相互平等交往，是诚信；教师传道授业解惑，也是诚信。在我国颁布的《公民道德建设实施纲要》中，也大力提倡诚信。

[1] http://www.bokee.net/dailymodule/blog_view.do?id=890075

但不可否认的是我们发现，现在社会上"造假"成风，信用危机问题日益突出。究其原因是人们的价值观念、价值取向发生了变化，拜金主义急功近利导致了诚信的缺失。且"随风潜入夜"般地也侵蚀到了纯净的教育领域。有的学校得知领导要来视察，便全员出动大扫除；得知领导要召开学生座谈会，各年级各班更是细致而周到地面授机宜，一遍遍地教育学生当着领导的面说假话。即使是公开课、评优课，也是充分准备，精心彩排，什么问题由谁回答、如何回答都安排妥当；各地中考、高考舞弊现象屡禁不止。殊不知，这样的教育教会学生的只能是虚假、伪善、阳奉阴违、远离诚信。同时，教师光辉的形象也在学生心目中慢慢褪色。

曾子以信教子的故事告诉世人诚信的可贵，诚实守信是做人的基本准则。如果说，曾子面对的只是自己的孩子，那么，教师作为人类灵魂的工程师，面对的又何止是一个孩子，更应该懂得在当今社会遵守诚信的美德是具有何等重要的意义。

"教师，是天底下最光辉的事业！""学高为师，身正为范。""师者，所以传道授业解惑也！"……无数的定义，众多的称谓，其核心内容都阐释了教师理应是真善美的化身。教育的确是一个特殊的行业，教师肩负着传承社会文明推动社会进步的重任，人品应成为社会的楷模，人性的标尺！教师诚信危机具有严重的社会危害，不仅会严重污染和影响教育的纯洁和教育环境、教育秩序，而且教师的不诚信行为还可能严重影响到学生的诚信观念和行为。因此，诚信是师德的基本要求，是教师职业从业的基础，是一个教师所应必备的品质之一。

教师要以身作则，为人师表 ／

为人师表是教师处理职业劳动和自身人格塑造之间关系的准则，是教育事业对教师人格提出的特殊要求。教师作为人类灵魂的工程师，要塑造高尚道德的人才，必须要认真贯彻诚实守信、言行一致的行为规范，就要追求"以德立身"，要学生诚实守信，教师必须率先垂范，身体力行，以教师高尚的品行、人格的魅力，诚信的作风取信于学生。

想一想，如果教育学生要认真学习，自己却终日无所事事；教育学生遵守学校规章制度，自己却经常擅自离校；教育学生不光顾网吧，自己却整天在办公室玩游戏；教育学生讲卫生，自己却随地扔垃圾；教育学生按时完成作业，自己却在学校教案检查时交不上来；教育学生考试不能作弊，自己却在考试中借助现代通讯工具，堂而皇之携夹带……这种教育，效果可想而知。德高才能望众，作为教师，要想使自己的教育有效果，首先要使教育者有他信力，要求别人做到的，自己必须首先做到，否则教育就成了空洞的说教。这样的教育无疑是不会成功的。

我们知道，"身教重于言教"，以身立教是教师强有力的教育手段，教师的思想、行为、作风和品质，每时每刻都在感染、熏陶和影响学生。要求学生遵守的自己必须先遵守。这样用教师的人格精神，可以不需要教师的一句话，而使学生受到感染，产生影响，这就是所谓"此时无声胜有声"了，而且这种影响往往是久远的。很多对人类科技进步作出过重大贡献的大科学家，在谈到自己的成长时，无不谈及自己的老师对自己的终身影响。可见，教师的职业道德对学生的影响是多么重要。教师只有始终坚持严于律己，言传身教，才能实现教书育人，培养"四有"新人的神圣使命，真正做到明德惟馨。在模范遵守行为规范的同时，要从一点一滴做起，切勿因恶小而为之。

教师要"言必信，行必果"

俗话说得好，"言出必行"。对教师来说，因为教师职业的特殊性这点就显得尤为重要。班主任老师宣布不准迟到，可是对迟到现象却听之任之，这一现象怎能杜绝? 考前要求学生遵守考试规则, 但对考试作弊的同学没有相应的处理办法, 下次将会有更多的学生作弊。久而久之, 学生对于诚信的概念的模糊、缺失就不足为怪了。反之, 如果教师"言必信, 行必果", 要求学生做到的自己首先做到, 以自己的实际行动切实地感染着学生, 这样对学生的教育必定会起到事半功倍的效果。曾经听过一个故事: 在英国南部的一所小学里, 一位教师调任一个较差班的班主任, 该班孩子大都很调皮, 爱捣蛋。老师说:"孩子们, 你们要是能把学习成绩搞上去, 我就去吻校外放牧场里的一头猪。"从那天起, 他们的课堂纪律好了, 学习积极性提高了, 即使有贪玩的, 别的孩子也会提醒"难道你不希望看到老师去吻那头大猪吗?"半年后, 孩子们的学习成绩有了很大的进步。于是, 老师带着这群孩子穿过公路, 来到放牧场。孩子们在猪圈里看到一头特大特肥的猪。老师走近那头大猪, 轻轻地吻了它。孩子们在猪圈外笑得前仰后合, 老师也和他们一样大笑了。读这个故事, 我们不是看到这位英国教师的滑稽可笑, 而是看到了他平易近人的态度和师生平等的意识, 看到了教育所追求的亲近自然的境界, 看到了教育所拥有的和谐欢愉的氛围, 也看到了这位教师诚实守信的一面。

墨子说: 言不信者, 行不果。言行是否一致是衡量一个人诚信与否的一把尺子。作为一名人民教师, 要处处成为学生的表率, 首先一点就是要说话算数, 说到做到。有承诺, 就要践言。不能朝令夕改。对于学生的要求, 答应了就要让这一要求实现。同时, 我们要将教育学生要诚信的话语变成自己的实际行动。因为, 我们在教育学生, 给学生提出诚信要求时, 也是对我们自己提出的要求, 等同于在学生面前的一种郑重的诚信承诺。从你提出要求那一刻起, 你就已经无形中接受了学生的监督。你的言行就成了你的诚信度的检验尺子。

教师要建立起与学生间的诚信桥梁 /

苏联教育家鲁普斯卡娅说过:"对儿童来说,教师的思想和品德是分不开的,一个深受学生爱戴的老师所说的话,比一个与他们格格不入的受他们鄙视的人所说的话,他们接受起来是完全不同的;从后者口中说出来的即使是崇高的思想,也会变成可憎恨的东西。"

我们也经常可以听到学生的议论,说他们喜欢某位老师,而不喜欢某位老师,也经常可以看到,某位老师布置的任务,学生一丝不苟地完成,而某位老师布置的任务,学生过耳即忘,学生与教师之间的诚信桥梁出现了问题。因此,建立彼此间诚信的桥梁是非常重要的。如果要完善诚信桥梁,首要的是,教师要树立起自己的人格魅力。教师的人格魅力来源于渊博的学识和教书育人的能力,来源于善良和慈爱,来源于对学生的信任和宽容,来源于对事业的忠诚和从不满足的执着精神。其次,教师要以信用取信于人,对学生要给予信任。对学生的信任是建立在爱心的基础上的。对学生要看到他的闪光点,要肯定他的成绩,表扬他的进步,即使在学生有过失的时候,同样相信他有改正过失重新开始的能力。不光要看到学生的现在,更要关注他们的未来,让学生感受到老师的爱。

培养诚信公民,传承诚信传统,打造诚信社会,是教师义不容辞的责任和义务。我们要以此为起点,重新定位教师诚信教育的地位与作用,挖掘教师诚信教育的内涵,积淀教师诚信教育经验,探寻诚信教育方法,全力开展诚信教育,为培养诚信公民做出自己的努力和贡献。[1]

---

[1] http://blog.whjy.net/user1/liuchangliu/25172.html

/ 公正 /

何谓公正 /

公正是处理人际关系时的公平与正义的伦理原则。公正或正义一直是人类社会的普遍的道德法则，是我们孜孜以求的价值生活目标，也是伦理学思想史一直不断探究的一个核心概念。公正一方面是一个社会性、历史性的范畴，在阶级社会中还有阶级性。但是公正本身又有它统一的规定性，正是这一统一的规定性使公正成为千百年来人类社会孜孜以求的美好目标。

公正的特性

公正必须具备的特性有三条：对等性、可互换性、最终价值判定的依赖性（有利于社会发展和个人幸福）。首先，对等就是指主体对人对事要一视同仁，适用同一个规则或标准。以一个标准对别人而以另外一个标准对待自己，就叫偏私，当然就是不公正了。比如在古代社会，君主对自己的标准和他对臣民的标准就是不一样的，所以以现代人的眼光看，奴隶社会和封建社会的整个体制就是不公正的。这正是历史上的历次革命之所以发生的原因。由于公正具有的对等性，所以人们往往容易将公正错误地理解为平均主义。其次，可互换性是对等性的要求和保证。要真正做到对人对己用一个标准，就必须能够让自己处在对方的位置时，仍然接受自己原先承认的法则。所谓"己所不欲，勿施于人"是也。否则，就是自以为是的公正即伪"公正"。第三，罗尔斯同时指出公正原则应当是这样的："当原则体现在社会的基本结构中时，人们倾向于获得正义感。按照道德学习的原则，人们发展起一种按照它的原则行动的欲望。"所以公正必须具有正向价值属性或价值合理性。公正的标准本身不能自己说明自己存在的合理性。公正标准本身必须有公正之外的价值依据。这一根据有二，一是看它是否有利于社会的发展，二是看它是否有利于个体的幸福。当然，这两个根据本身又是统一的。由于幸福本身的价值性、利他性，又由于社会发展的终极目的仍然是个体的幸福，所以最终的依据应当是看这一标准是否真正有利于主体幸福的实现。所以一方面公正是一个普遍的道德法则，另一方面公正原则在最终价值判定上又有依赖性，它依赖于公正以外的东西。公正的这一属性既使我们认识公正与偏私的对立，也使我们能够理解为什么平均主义不是公正的正确理解。也正是因为这一最终价值判定的依赖性，公正才是一个社会和历史的范畴。

公正的内容

美国伦理学家、乔治敦大学教授汤姆·L·彼彻姆说："一切正义理论共同承认下述最低原则：同样的情况应当同等地对待——或者使用平等的语言来说：平等的应当平等地对待，不平等的应当不平等地对待。"这条基本原则通常称为"形式上的正义原则"。公正原则说到底是一种处理利益关系的原则。

一是报偿原则。所谓报偿原则，即权利原则，意思是主体的贡献等于或者不小于应得的权益，类似于"按劳分配"原则——多劳多得，少劳少得，不劳动者不得食。对每一个有劳动能力的人来说，这样一个社会主义的分配原则是公正的。但是在市场经济条件下，我们对"劳动"概念要加以限定，就是，劳动必须是有效或创造了价值的劳动。无效的劳动与有效的劳动获得同样的报偿，显然也是一种不公正。所以依据"贡献"作为标准是比较合适的。报偿原则的基本要求是贡献等于或不小于应得权益。这是因为贡献若小于权益，就意味着剥夺别人的劳动成果，当然是不公正的；而贡献若大于权益，就意味着被剥夺，当然也是一种不公正。当然如果主体的觉悟较高，愿意奉献自己的爱心，这是仁慈或慷慨的美德，当然无可非议、值得提倡，但这已超越了公正原则。所以，在权益分配上的公正应当是要求贡献等于或不小于应得的权益。

二是承诺原则。所谓承诺原则，也可以称为义务原则，它的内涵是权益应当小于或等于主体所承诺的义务。这是第一个原则的延伸，是一个与职业道德联系密切的原则。任何人都有自己的权利和义务。在自己的岗位上,若希望自己承当较小的义务却希望获得较大的权益,那么他就是希望无条件收获别人的劳动成果。同时如果承诺的义务可以小于权益,那么就整个社会而言,也不可能。所以只有当承诺并且践行的义务大于或等于自己收获的权益时,社会发展才能正常,人际关系才能理顺。否则就只能承认和导致不公正。

公正的类型

首先,从公正的性质上看,公正可以分为报偿性公正与惩罚性公正。报偿性公正如上所言,是公正的基本形式。但惩罚性公正同样是不可忽视的。因为如果惩罚不公,就不会有有效的服人心的震慑或调节的功效。而且,如果忽视惩罚性公正,该罚不罚,实际上也就是一种变相的分配上的不公。现代社会极易形成对惩罚性公正的忽视。原因之一是:这种抽象的人道主义宣称所有的人都有某种永不消失的天赋人权,即使是丧尽天良、毫无人性者,也仍然如此(比如一些国家已经废除了死刑)。实际上这种抽象的人道主义恰恰忘记的一个自然的结果是对善良者的不公正。所以这种抽象的人道主义貌似公正,但实际上恰恰忘记了"平等仅仅是对平等者的平等,而不是对所有人的平等"这样一个公正的基本原则。

其次,从公正涉及的主体关系上看,有三类公正:"我—我"公正,自重,自己对自己的公正;"我—你"公正,人格对等的公正;"我—他"公正,对规范的同等遵守的公正。

第一种公正主要反映的是"我—我"关系,它的基本要求是自重,这是一种自己对自己的公正。实际上如果一个对自己都不能做到公正的人,我们就很难指望他能对别人作到公正。对自己的公正的起码要求是努力和幸福。善待自己莫过于努力理解自己的价值所在并恰当地努力实现这一价值。自我价值实现的结果就是幸福的获得。在此我们再次找到了一个公正与幸福的内在联系。第二种公正是一种人格对等的公正。"己所不欲,勿施于人"。它要求主体能够充分尊重对方的人格自由和尊严。我们不可以视自己为追求幸福有血有肉的主体,而视他人为自己一个纯粹的外物。实际上幸福生活只有在人际和谐的环境中才可能找到,如果我们试图在一个充满敌意、孤独和冷漠的人际环境中寻找幸福,我们就只能缘木求鱼。正是由于这一原因,公正原则往往需要仁慈原则来补充。第三种公正是一种狭义的公正。他人是一个与自己完全对等的客体。所以在涉及利益关系时,双方都有对等的权利。为了保证各自的利益,双方都需要作出对等的让步;同时双方都应遵守相同的准则和义务。这是一个涉及到社会合作方面的伦理原则。为了保证合作成功,也为了各自在合作中顺利实现共同利益,对规范的同等遵守的公正十分必要。当然,这一遵守是客观的、"冷冰冰"的。公正就其对人际关系的调整来看,是十分重要的。人际关系调整得当,人们就会和睦相处,产生积极、健康的心情;相反,就会造成极大的敌意、孤独和冷漠。但是上述三种公正类型往往只涉及了道德主体一个方面。这在某种意义上说有不全面的问题。

教师的公正 /

教师的公正是指教师在自己的教育活动中对待不同利益关系所表现出来的公平和正义。它表现在教师与自身、教师与同事、教师与学生等人际关系之中。教师公正是教育公正的核心内容,是一条至关重要的职业道德范畴。

教师公正的必要性

(1) 有利于教师威信的提高。公正是人格的脊梁。孔子说:"其身正,不令而行;其身不正,虽令不从。"这句话虽然是对从政者说的,但对教师同样适用。教师既是教育者,同时也是教育活动的设计和管理者。如果教师的行为是不公正的,除了同行、领导的舆论、谴责和制度的制约之外，最主要的是影响教师的威信。上海师大曾有一次对4500名学生的调查，结果有84%的被试认为"公正"是"教师工作重要的职业品质"；92%的被试认为，"偏私和不公正"是"最不能原谅的教师品质缺陷"。由于学生对教师公正品质的期望很高，教师公正与否，当然影响他在学生心目中的形象。一个没有威信或威信不高的教师注定将成为一个成就不高的教师。

(2) 有利于良好的教育环境的形成。教师能够对人对己做到公正是十分必要的。因为公正处理家长和社会有关方面的关系，就会有利于形成较好的学校教育的外部环境；公正对待同事、领导，则有利于协调不同的教育职能，形成教育集体的良好心理氛围，从而形成教书育人的学校教育的内部环境；公正地对待学生是教师公正的重点，这一种教师公正则有利于直接的教育、教学环境的形成。比如在实际教育活动中，我们常常看到，由于教师对优秀学生的偏爱和对所谓差生或后进生的忽视或其他不公正的对待，后进生出于一种反抗心理，往往会强化其"捣乱"的倾向。其结果当然是教育教学秩序的混乱，最终是不利于教育活动的顺利开展的。

(3) 有利于学生的道德成长。由于公正本身就是道德教育的重要内涵，所以教师公正本身直接构成德育的内容。教师要让学生选择公正的生活准则，他自己就必须首先做到为人处事的公正无私。同时在学生的心目中，教师往往是公正、无私、善良、正义的代表，对教师有非常美好的期待。这一美好的期待决定着当教师在与他们的交往中作到公正办事时，他们就会感觉到公正的美好和必要，从而奠定他们在未来社会生活中努力追求道德公正的心理基础。反之，当他们原本有着美好期待的老师不能公正无私时，不仅会伤害他们对于老师的美好的情感，而且会让他们怀疑显性道德教育课程所教授的公正本身的合理性，从而妨碍他们的道德成长。正如夸美纽斯所说："除了智者，任何人都不能使别人成为有智慧的人；除了能言善辩者外，任何人都不能使别

行不公正的身教。由于师生关系和教师职业的上述特殊性，教师的不公正往往是最不能饶恕的。

(2) 教师公正主体的自觉性。教师是一种对自己的工作有较高职业意识的社会角色。这一方面是因为教育活动本身是一种具有目的性的活动，另一方面是因为现代社会所有的教师都是经过职业上的专门训练的。教育活动自觉性的重要标志是教师对自己职业道德及其重要性的了解。学校、教室等教育情境也常常会有道德上的文化暗示。所以与其他社会阶层相比，教师在进入岗位之前和之后，都会有较高的职业道德的自觉意识和修养的动力。教师的职业道德自觉意识的内涵中当然也包括教师对教育公正的原则的自觉意识。

(3) 教师公正实施的实质性。教师公正的实质性是说教师公正具有相当大的灵活性，着眼于实际或实质意义上的公正而不完全拘泥于形式上的公正。这一点实际上也可以算作教师公正的教育性的一部分。比如同样都给了五分，对于一些通过努力已经进步到接近五分水平的同学来说，一方面由于他实际上还没有做到100% 或与最好的同学一样好，给他五分似乎不公正；但另一方面，正是这样的五分使他看到了学习的进步和希望，实质上教师在这里并非对他实行了不公正的偏爱。又比如，对于同一种错误的批评，有时候教师对优等生的批评甚至会比对后进生的批评还要严厉。这是因为在一定条件下，后进生更需要对其自尊的爱护和策略的批评，而优等生则更需要使之猛醒的棒喝。这里形式上的不公正实质上却是公正的。因为实际上教师对这两类学生的爱是完全相同的，不同的仅仅是教师根据其对学生的了解和教育规律所采取的具体措施的差异。

教师公正的内容

教师公正既表现为教师对自己的公正，也表现在公正对待同事、领导及学生家长等方面,更表现在正确对待教育对象上。我们可以分别称之为教师对自己的公正、同侪性公正、对象性公正。

(1) 对自己的公正。亚里士多德曾经将公正视为一种人际关系的"中度"。孔子和孟子也提出了"中庸"的理论。教师公正实际上就是要在以师生关系为基础的人际关系处理上实现某种中度。教师应当对得起自己,所以必须有一种对自己的公正。它包括对教师自尊、荣誉以及合理的经济利益等等合法权益的要求和维护。教师对自己的公正不仅是"我—我"关系,也涉及到教师与社会的关系。在中国社会中,也许是人们对教师的职业期望较高,一方面社会在舆论上普遍赞同提高教师的地位和待遇,但另一方面人们包括教师本身往往又认为教师应当羞于言利,只做蜡烛,只问耕耘。要求教师做苦行僧无论是社会还是教师本身,都是一种不公正,因此从伦理学的角度看这一心态应当予以纠正。

(2) 同侪性公正。在自尊、荣誉以及其他利益的处理上,教师的同事关系也必须保持适当的"度",这是一种同事公正。许多教师对于自己的领导往往做不到公正对待,要么恭敬有余,唯上主义,要么恃才傲物、目空一切。而实际上教师同他的领导之间除了管理关系之外,人格上是完全对等的。这一对等性决定着前两种态度都是不公正的。所以教师在与领导的关系处理上最关键的是要在工作上服从分工、相互配合,在人格上相互理解、彼此尊重。教师与自己同事的关系是一种真正意义上的"同志"关系。在处理同其他教师的关系上,主要是要公正地评价自己和他人的工作,并在此基础上做到相互配合,共同完成教育的使命。教师之间常常出现的"文人相轻"的现象,从根子上看,往往出自教师在同事关系上的不公正。

(3) 对象性公正。教师对学生的公正的主要含义是在教育活动中对学生持民主与尊重的态度;对不同性别、年龄、出身、智力、个性、相貌以及关系密切程度不同的学生能够做到一视同仁、同等对待，不以个人的私利和好恶作标准。我们可以将这一教育公正称之为对象性公正。教师应当明白，教师对社会、对家长、对同事等等公正关系的重要性一是因为公正的示范性，二是因为这些关系可以为正确和公正对待学生创造条件。如果对待教育对象做不到公正，其他的公正努力就没有意义。概括地说，教师对学生的对象性公正最主要的是要做到平等地对待学生，爱无差等、一视同仁，实事求是、赏罚分明，长善救失、因材施教，面向全体、点面结合。

第一，平等地对待自己的学生。平等地对待自己的学生，实际上也就是教育学所常说的要树立正确的师生观的问题。从伦理学的角度看，教师要公正地对待学生，首先是要真正尊重和信赖学生。在我国的传统中，教师往往习惯于把自己置于"绝对权威"的地位，往往认为自己当然在人格上高于学生，漠视学生独立存在的主体性。这样当教师教导学生应当公正处世时，学生极有可能报一种不以为然的态度。因为在他与教师的交往中，体会不到应有的尊重或人际公正。所以，古代社会产生的"师道尊严"的观念是有违师德，尤其是有违现代教育伦理的基本要求的。当然，人格上的平等并不意味着角色上的对等。教师与学生之间的关系还应有对学生的教养与要求的一面。为了这一点，教师威信、威望的存在又是非常必要的。否认这一点就是否认教师职业的特质。所以教育公正的重要内涵之一是教师要努力做到对学生的尊重与要求的统一。

第二，爱无差等、一视同仁。所谓爱无差等、一视同仁，指的主要是教师不能以自己的私利和好恶做标准处理师生关系，应当给所有学生提供平等的学习机会。一个最为常见的现象是，教师往往出于虚荣或其他利害有意无意偏爱一些学业成绩好的学生，而相对歧视或忽视一些成绩差的学生。有意的不公正当然属于明显的师德缺陷，无意的不公正也是应当注意防范的。实际上正是因为后者的成绩差才更需要教师的关怀和帮助。正如俄罗斯的一句谚语所说的"漂亮的孩子人人喜欢；而爱难看的小孩才是真正的爱"。

第三,实事求是、赏罚分明。所谓实事求是、赏罚分明,就是要作到"尊重和要求的统一"。一方面要根据学生的实际因材施教,但是另一方面在制度上又不能允许有特殊学生的存在。赏罚本身往往是次要的,学生在意的主要是赏罚所体现出的教师对他们的评价。现代教育的一大难题是如何认识惩罚的教育性。许多抽象地人反对惩罚,尤其是"体罚",理由是损害学生的身心健康。但惩罚在何种情况下是损害学生的身心健康的,什么是体罚和一般惩罚的界限一直是人们争论的话题。实际上除了较为严重的损害有背于教育活动的性质和范围之外,一定情况下对学生的惩罚与奖励一样,是有利于他们的成长而不是相反的。问题的关键在于处罚的程度和性质。

第四,长善救失、因材施教。长善救失、因材施教是教师公正或教育公正的另一方面。如前所述,教师公正具有实质性。在对学生的爱护、帮助、评价和奖惩上应当一视同仁。但是一视同仁不能理解为一种刻板机械的公正形式。在落实一视同仁、爱无差等原则时要考虑到学生在个性、知识水平和智力程度等方面的差异,因材施"爱"、因材施"罚"。否则那种貌似的公正实际上却是不公正的。因为公正的原则既是"平等的应当平等地对待",也是"不平等的应当不平等地对待"。

第五,面向全体、点面结合。所谓面向全体、点面结合,是指教师如何在个别教学和集体教育中做到教育公正。这也是一个教育机会均等的问题。为了某些后进同学的进步,适当的补课和其他个别的关照是必要的;给一些特别聪慧的优等生创造提高的条件,如适度地"开小灶"的做法也是公正的。这是因为只有因人制宜才不至于耽误每一个学生的发展,是一种爱无差等的实质上的公正。但是超越限度,置大多数学生于不顾的某些所谓"抓重点"的做法,包括过分强调重点校、重点班、重点苗子的做法是有违教育公正的。因为在只抓重点的做法中,太多的学生受到忽视,失去了平等的受教育机会。所以特长校、特长班、特长学生是正确的，而重点校、重点班、重点苗子的做法虽然在一定条件下有其合理性，但长远地看却往往是要逐步予以矫正的。正确的做法是以全体学生的发展为基础、为目标的因材施教、点面结合。

除了对自己的公正，对同事的公正、对学生的公正之外，对家长的公正、对社会的公正也是教师公正的应有之义。在中国，教师往往将对待学生的教养关系自动迁移到对家长和一般社会人事上，造成不良后果。例如，许多学校的家长会不是教师与家长的正常沟通，变成了教师对家长的训斥。又例如，教师以其较为正统的价值观念要求社会上的所有人和事，将对社会的不一定正确的负面评价带到自己的教育活动中，造成对学生的误导，等等。当然，教师对家长的公正、对社会的公正其实是教师对象性公正的延伸。如果我们对学生的公正能够真正理解和施行，那么对家长的公正、对社会的公正也就比较容易实现。[1]

/ 和善 /

"和善"是现代社会价值体系的基本准则，是人们在认知、思维、情感和行为等方面力求达到的一种理想境界。实现这一目标可以看作是个体融入社会、服务于社会的最高的人生追求。教师，作为从事教育事业的主体，同时又是社会文明的代表者和倡导者。其角色定位不只是要"教好书"，更为重要的则是要"育好人"。从这个意义上说，教师形象犹如一面镜子，映射着社会发展的先进性和时代性。所以，我们的教师不仅要具有科学、正确的教育理念，过硬的思想素质和博学多才的文化底蕴，而且还应是"和善"的继承者、实践者和传播者。于求善的过程中，努力完善自我，不断提升自己的师德修养水平和业务技能，在平凡

[1] http://blog.tianya.cn/blogger/post_read.asp?BlogID=207193&PostID=8607450

的教育岗位上，作出不平凡的业绩，真正体现其在社会舞台上的角色价值，这是每一位教师必须认真思考的问题，即要做到与人为善。

要学会尊重，这是与人为善的心理基础 /

身为教师，要充分尊重学生的个性，更要保护好学生的自尊心，特别是后进生的自尊心，因为这些弱势学生在学习过程中既无方法，又缺自信，学业成绩总是处在较低的水平上，自卑是他们共有的心理特征。教师对这些学生施以关爱，并帮助他们克服这种消极心态，尽快找回学习的自信，重新树起自强的风帆，其本身就是一种善为。学校教育目标的达成是各科教师共同劳动的结晶，同事之间的相互尊重、相互信任和相互支持就显得尤为重要。在协作之中，还要大力倡导谦虚谨慎、取长补短的良好教风，克服文人相轻、相互排斥的不良旧习。平和相待、坦诚相见，才能增进教师之间的友谊，以利于他们更好地发挥其教育智慧。教师的工作离不开家庭的支持，尊重家人是教师社会公德的时代要求。上至父母，下及子女，还有平辈中的兄弟姐妹，都要敬爱有加、关怀备至，营造一种和谐健康的家庭情感氛围，为弘扬家庭的传统美德作出自己的努力。

要富有爱心，这是与人为善的动力之源 /

教师之爱是一种广博之爱，爱祖国爱人民，爱社会爱集体，爱工作爱学习。当然，教师之爱的核心是爱学生，这一原则既是成功教育的基础，又是培养学生高尚情感的先决条件。为着学生的健康成长和均衡发展，教师应本着对社会高度负责的精神，作好学生的表率，用自己毕生的精力去实践"爱心教育"。对于自己的学生，要给予更多的关怀，切不可采取讽刺挖苦、漫骂指责、体罚或变相体罚等极不道德的做法去惩戒他们。要把爱的阳光播撒给每个学生，无论是学业优等生，还是基础相对薄弱的后进生，都能使他们体会到爱的存在和爱的温暖，并以此来感染、影响他们，从而在他们幼小的心灵深处牢牢地扎下博爱之根。所以，开展爱心教育，是教师实施成功教育、培养学生健康人格的最为有效的方式，这也是为国家为社会造就富有爱心、乐施善为的合格小公民的重要途径。

要学会理解，这是与人为善的重要前提 ／

由于教师所从事的是教育人的工作，有着其特殊性，他们既是教育产品的生产者，又是教育管理的服从者，还是教育同行的竞争者。工作中难免会遇到来自于学生、领导或同事，乃至于学生家长等方面的压力，各种烦恼和心理失衡现象亦会接踵而来。切不可感情用事，见风就上、见火就着，应以较高的姿态泰然处之。对待自己的学生，不管是学业上的困惑，还是行为上的偏差，哪怕是做了错事，也决不能伤害他们的自尊心。因为这些学生的心理与情感都是脆弱的，在处理问题时应采用心平气和的谈话技巧，或说明因由，或予以开导，或解释或致歉，要学会善解人意，要学会宽容和忍让，以表现教师良好的教养和高尚的人格。

爱为善之源，善为爱之予。无爱则无善，无善何以体现真情真爱？尊重是善，理解是善、宽容也是善。乐于助人、奉献爱心更是与人为善的至诚表现，这是实实在在的、发自内心深处的为善之举。作为教师，在与同事、家人、朋友或是自己的学生相处时，要体贴、要关怀，还要主动地去帮助他们排解一些困难，哪怕是微不足道的，都会在他们的心灵世界留下你的善行记录，这种潜移默化的作用，亦能使他们积极地去面对人生，自觉地去关注别人、关注社会。帮老助幼倾爱心，济困解难献真情。以善立德，以德扬善，并能久而为之、乐此不疲，最终植出善德之林，我们对此无怨无悔。

／博学／

教师是人类灵魂的工程师。教师应该多才多艺，这样的教师更能带动课堂学习气氛，带动学生的积极性和主动性，从而使教学获得更好的效果。

教师要成为博学杂家 /

教师要出色地完成教书与育人的任务，必须具备良好的思想道德素质、心理素质和业务技能。要在有扎实的基础知识和专业知识的基础上，成为博学杂家。

教师要会教书，但只会教书，不是真正的教师。毫无疑问，教师应该是博与专的结合。"师者，所以传道、授业、解惑者也"。既然要解惑，就得回答学生提出的上至天文，下至地理的各种问题，不博　哪能行！优秀教师的成功经验说明：教师的知识越广博，教起课来，越能得心应手。博学，讲课时才能旁征博引，左右逢源；才能喷珠汪玉，妙语生春。

博学，才能"书到用时不觉少"，才能出口成章；博学，才能高屋建瓴，开阔思路，举一反三，触类旁通；博学，才能博采百家，自成一体，形成自己独特的教学风格；博学，才能推陈出新，别具见地，见人之所未见，言人之所未言；博学，才能把学生领进知识的大千世界，引起他们的好奇心，激发他们的求知欲，让他们去探索、去攀登、去遨游、去奋飞！

正确看待"要给学生一杯水，教师要有一桶水" /

现在，教育行业流行"要给学生一杯水，教师要有一桶水"的说法。它比喻教师只有具备渊博的知识，才能胜任自己的工作。现在在教师的个人总结和各种经验材料中经常见到，已经成了教师自勉和互勉的"座右铭"。但是稍微推敲一下，这句话有不妥之处。第一，这句话形象地比喻了陈旧的知识传授方式——灌输，表达了教师的教学方法仍然是"填鸭式"，学生的学习完全是被动的，而不是主动的。第二，一个人不可能掌握所有的知识。虽然各个学科的知识相互联系，相互渗透，但是每个学科的专业性很强，俗话说"隔行如隔山"，教师也不可能把各种专业知识学得很透，在有的时候、有的方面，教师还不如学生知道得多，这时，教师就不是"一桶水"了，甚至没有学生的"一杯水"多。例如有的学生能熟练地使用电脑查阅资料，有的教师却不会。第三，把一桶水分成若干杯水，是一种简单的量的分解，不能体现学生的自主学习和探究学习，不能体现学生对知识的理解和创意，与素质教育背道而驰。第四，有的教师把这句话改成"要给学生一杯水，教师要有一缸水"，或"教师要变成自来水，长流水"等，这是一种简单的、没有意义的文字游戏。

新课程要求教师博学多才 ╱

不少人认为《品德与社会(生活)》无非是《思想品德课》的另换名再版本罢了，上课思路应该和《思想品德课》差不多。但是，通过学习我才恍然明白，原来大不一样。它不仅肩负着培养健康情感、树立正确人生观、价值观等思想教育任务，更要让孩子去了解生活，热爱生活，了解社会，热爱社会……它是一门全新的课程。这就需要广大教师首先要有丰厚的知识积累和机智的课堂应变能力。

案例片断：

师：请你用自己喜欢的方式把家乡的物产推销到博览会上，开始吧。

生(思考后)：我们家乡是柳编之乡，还有很多水果，我想推销柳编的篮子。我先召开一个水果品尝大会，让大家免费吃水果，临走时再每人送一个篮子，里面装满水果。让他们对这些形式多样、颜色鲜艳的篮子感兴趣，以后就会来购买。

师：你的想法真不错！

实事求是地讲，对于这段发言，七八岁的孩子能说出意思明白、条理清楚的一大段话已经实属不易，更何况其中包含了独特的创意！然而这样的独特创意教师却只有一句简单的评价。我们反思，评价不应仅仅停留在判断对错或者对学生鼓励的层面上，有时更需要将学生的思维进一步明朗化，进一步再创造，再提升，使他们的创造性思维闪现出更加灿烂的智慧之光。而恰如其分的机智点拨与提升需要的不仅仅是精当丰富的语言，更需要教师博学多才。这么多的孩子，如此活跃的思维，谁能料到课堂上会出现什么问题？又怎么能事先预料到这些问题关系到哪些知识？所以教师们平时要多读书善积累，丰厚自己的知识底蕴，提高文化素质。正所谓"天文地理皆学问，信手拈来是知识"。

"得天下英才而教之，其乐无穷；得大道恩师而学之，乐在其中。"教师，是学校重要的教育资源，我们教师的素质，决定着学校的教学水平和质量。新课程的确需要教师们博学多才，这是新一轮课程改革中的最重要问题。[1]

/ 正气 /

时代在发展，社会在进步。随着新一轮教育改革的推进，传统的教育观念、课堂模式、师生关系受到强烈的冲击。同时，社会的价值观参差不齐，金钱至上得到普遍认同，在新课程背景下的新型教师应该在"正气"上下功夫，努力将自己打造成充满正气的创新型教师。

何谓正气 /

"正气"一词早见于孟轲提出的"浩然正气"，即充塞于天地之间最盛大、最刚直的一种凛然正气。讲正气，就要堂堂正正做人。"人"字虽然笔画简单，但要做到堂堂

[1] http://www.xxkt.cn/zhxk/2007/16322.html

正正，不是一件容易的事。南宋民族英雄文天祥曾在《正气歌》中作过精辟的论述。天地和伦理道德的存在皆是以浩然正气为根本，人具备了这种气势磅礴、万古生存的正气，便可进入"富贵不能淫、贫贱不能移、威武不能屈"的崇高精神境界，并逐渐成为民族的正气节操。正气乃光明正大之气。它是一种无私忘我、行端影直的净气；是一种铁骨铮铮、腰杆挺直的骨气；是一种博采众长、宽宏的大气；是一种敢于碰硬、敢于攻坚的勇气。

教师的"正气"，就是要有"刚正不阿"、"贫贱不移"的气节，就是能够甘于清贫，乐于奉献；就是能够勤于钻研，求真务实，不满足于既得成绩，勇于进取；就是要有敢为先的探索精神，就是要独立思考；就是要有"宁可枝头抱香老，不随黄叶舞秋风"的傲骨。教师的"正气"，就是要有正确树立社会主义荣辱观；就是要有忧国忧民的高尚情怀；就是要有自觉抵御不良风气侵蚀的坚定意志；就是要有"千磨万击还坚劲"的不为名利所动的坚强品性；就是要有高洁的情趣，不媚俗，不随流，洁身自好；有济世的情怀，更有善身之修为。教师的"正气"，就是要有虚怀若谷、海纳百川的宽阔胸怀；就是要知大事，识大体，明大礼；就是要不拘小节，顾全大局，站得高，看得远；就是要有"老吾老以及人之老，幼吾幼以及人之幼"的博爱精神；就是要有"人饥己饥"、推己及人的大爱思想。

教师要有正气 ／

做"真、善、美"型的教师

教师应成为真善美的化身。作为社会主义精神文明的建设者和传播者，教师所从事的不是谋食谋衣、谋名谋利的职业，而是追求真善美，剔除假恶丑的"太阳底下最光辉的事业"。教师是"人类灵魂的工程师"，要无愧于这个光荣称号，就必须全面提高自身素质和修养，使自己成为真善美的化身。

其一，"真"是指我们每个教师要具有科学的思想，要树立正确的世界观、人生观、价值观，坚持正确的价值取向，坚定共产主义信念；要勤奋学习，把学习和追求知识看成毕生最为重要的事情；要在实践中努力探索教育教学的科学规律，锐意进取，成为科研型教师。教师的"真"就是表现为诚实守信、公平正直，言行一致，表里如一。教师为人处事必须追求真理，尊重科学，公正无私，光明磊落，是非分明，伸张正义，忠实坦诚，正人正己。教师正直诚实还表现为不装腔作势，不弄虚作假，以自己正直诚实的品格来影响学生。就像陶行知所说的那样："千教万教教人求真，千学万学学做真人。"教师要敢讲真话，处在改革开放、开拓创新形势下，教学内容有着鲜明的时代性，教学对象又具有反应灵敏、思维活跃的特点。这就要求教师对一些新的观点、新的举措要加强学习，力求取得正确的理解。学生可能提出使教师难以解答的问题，出现尴尬的局面。教师就要实事求是，敢讲真话。第一，不懂就是不懂，不可装懂。面对新情况、新问题，师生可以共同探讨，切不可为了顾及面子乱加解释，造成错误的说教和导向。第二，不回避矛盾，积极地分析矛盾、解决矛盾。第三，以身示教，以诚相见。教师教书育人，除课堂讲授外，更多的是在日常生活中以自己的一身正气去影响和感化学生。

其二，"善"是指我们每个教师要有高尚的情操。要甘于淡泊，守住清贫，忠诚党的教育事业，敬业乐业，无私奉献。无私奉献应该成为我们的师魂。王思明、胡安梅等优秀教师之所以在平凡的岗位、艰苦的条件下做出那样感人的事迹，根本原因就在于他们有无私奉献的精神。而近年来之所以出现了极少数教师歧视"差生"、以罚代教、以赢利为目的的补课等有损于教师形象的现象，究其根本原因，就是缺少了这种奉献的精神。教师的"善"就是把促进学生的健全发展当作自我职业人生的目的，并

人成为能言善辩者；除了道德的笃敬宗教者外，任何人都不能使别人成为有道德的和

笃敬宗教的人"。所以我们也完全可以说，除了践行公正者，任何人都不能使别人成

为公正的人。

(4) 有利于学生学习积极性的发挥。教师公正对学生的学习积极性发挥十分重

要。这一重要性体现在两个方面，一个是对学生个体，另一个是对学生集体。对个体

而言，教师公正是学生学习积极性的源泉之一。比如，教师对优等生的偏爱和对后进

生的忽视或其他不公正的对待就既不利于优等生又不利于后进生的积极性的发挥。

对前者的溺爱会助长其骄傲和浮躁的情绪，丧失其不断进步的动力；对后者的忽视当

然更会损伤学生的自尊，打击其本来就可能不高的学习积极性。对于学生集体来说，

不公正的教师行为会人为地造成学生集体的分裂。其结果当然是集体生活和集体建

设的动力减退、集体对学生个体在德育和智育诸方面的教育性降低。

(5) 有利于社会公正的实现。首先，教师的公正是社会公正的重要组成部分，教

育公正直接从属于社会公正。其次，根据杜威的观点，学校是社会的雏形，因此教育公

正是社会公正的起点。如果学生在学校生活中不能感受应有的公正存在，那么学生将

很难建立起公正的信念，最终会不利于社会公正的实现。所以教师能否实践公正关系

到一个社会公正的实现及其程度。

教师公正的特点

(1) 教师公正的教育性。教师公正的特点首先是与其职业特征联系在一起的。教

师公正的首要特点就是教育性。这里的教育性主要有两条。一是公正行为的教育示范

性，二是公正调整的人际关系主要是师生关系或以师生关系为基础，体现在自己的教

育活动之中的。教育劳动的特点之一是教育主体与教育手段的同一性。教师如果不能

在自己的周围建立起公正的人际关系，尤其是在师生关系中缺乏公正的内容，就是在

为之无私无悔地奉献，善待每一个学生，关爱每一个学生，帮助每一个学生，陶行知"捧着一颗心来，不带半根草去"充分体现了教师职业善的内涵。新时代的教师应当具有强烈的责任感和使命感，以天下为己任，乐于奉献，甘于清贫，耐住寂寞，不随物欲而横流，不为名利所支配，远离世俗之浮躁，廉洁从教，洁身自好，脚踏实地地勤奋工作，以身作则，为人师表，教书育人，以高尚的师德风范感召学生。

其三，"美"是指教师还应具有美好的品格。教师在职业劳动中除了要具有美的仪容服饰外，还要有美的举止。教师在教书育人和日常生活中要注意自己的行为举止，做到谦虚礼貌，不卑不亢，不能粗野无礼，蛮横放任，这是教师道德对教师行为的起码要求。教师是学生的教育者，自己的举止不仅要礼貌，而且要端庄、正派、适度、得体、优美，让自己的举止体现出良好的道德文化修养，让美德表现在外部行为上。教师在与学生的交往中要让学生体验到自己举止中那具有丰富内涵的美。

教师要言传身教、身体力行

教师在人们心目中的形象是真、善、美的传播者，人类灵魂的塑造者，莘莘学子人生的导师和引路人。人们常用"学高为师，身正为范"来形容教师，其中的"身正"即意味着具有高尚的德行，一身正气，这是为师的首要素质。面对各种利益的诱惑、多元思想的碰撞，教师尤其要具有浩然之气，这样，教师才能在知行统一中让学生"亲其师，信其道"。讲正气是教师的人格标准。教师是人类灵魂的工程师，从事的是培育人、塑造人的神圣事业。要把正气发扬光大，离不开教师言传身教，更离不开教师的身体力行。

作为教师，在学生面前决不能做言语上的巨人，行动上的矮子，说一套，做一套，当面一套，背后一套，言行不一，说做相离。要求学生做到的，自己要首先做到，禁止学生做的，自己坚决不做。在学生面前一是一，二是二，是则是，非则非。要像圆规，找准自己的立足点，将肩负的任务圆满完成；要像火车，勇往直前，没有越轨行为；要像天平，公正无私，用公道感化每个学生；要像太阳，眼睛向下，给学生以温暖和阳光；要像小溪，不畏艰难，走自己该走的路，哪怕经历曲折也不回头，让自己的生命之水浇灌更多干枯的花朵；要像竹子，每前进一步都要认真地做一小结；要像绿叶，乐于做花的陪衬，使花朵更加艳丽；要像火柴，不惜燃烧自己，照亮别人，给人以前进的光芒。

讲正气，教师要以身垂范，以自己的良好德行感染人，以自己的高尚情操感化人。当前，我们要积极结合社会主义荣辱观教育，结合"党的先进性教育"，结合教育系统开展师德教育，不断塑造自我，完善自我，超越自我，为培养下一代作出表率，为下一代的茁壮成长提供肥沃的土壤。[1]

[1] http://fhzx.cixiedu.net/html/xiaoyuanxinwen/2010/1228/132.html

/ 完美的职业人格

　　教师的职业人格是教师在长期的教育实践活动中形成和发展起来的，以适应教师这种特定的职业需要的人格特征。教师优秀的职业人格具有巨大的亲和力、感召力和坚韧的渗透性，是一种巨大的、潜在的教育资源和力量。学高和德厚是构成教师职业人格的两大支柱。学高是德厚的基础，德厚是学高的根本。

/ 教师人格概述 /

教师人格的基本内涵 /

　　一是品格。乌申斯基说过："在教育中，一切都应以教育者的人格为基础。"因此，教师要具有高尚的道德情操，深厚的道德修养，要诚恳正直、胸怀坦荡、宽厚谦和、严于律己、礼貌待人；有工作上表现出高度的责任感和献身精神，为学生所敬重。

　　二是学识。一般说来，学生都会仰慕那些学识渊博、见多识广的教师，欢迎那些知识丰富、博闻强记、熟悉多种学科的"全能型"教师。假如教师的知识积累能达到"无所不知"的程度，无疑会成为影响学生终生奋斗的"远大目标"的名师，会得到他们由衷的佩服。

三是能力。除了专业知识外，教师在教育、教学、待人处世等方面表现出的才华，会使学生产生钦佩感。因此，教师应做一个对生活和事业积极追求者，要自觉锻炼各方面的能力，如社交、文艺、体育、写作等，特别是教育教学才能。这就要求教师立足补救，大胆改革，勇于创新，不断提高教学技巧和育人艺术。

四是情感。平易近人，循序渐进，对学生满腔热情、关怀备至的教师，更能得到学生的尊敬和喜爱。教师应真心真意地尊重爱护学生，洞悉他们的内心世界，了解他们的个性特点，理解他们的幸福欢乐，帮助他们消除苦恼困惑，才能在师生之间建立起牢固的友谊。

五是气质。教师应该有特别的气质，因为教师是人类灵魂的工程师，教师或情趣高，性格稳健；或雷厉风行，充满魄力；或衣着大方，举止得当。教师不凡的气质和翩翩的风度，能使学生产生仰慕感。

六是业绩。教育教学的效果要靠业绩来体现，长期以来在教育中执著奋进、成绩显赫、为学生公认的"权威型"教师必然会得到学生真心的尊重。

七是言谈。教师言谈风趣，在教学中有演说家的口才，语言抑扬顿挫，定会为学生所模仿所感叹。

八是专长。画一手好画，写一手好字，无形的艺术细胞会感染学生，给无数学生留下深刻的印象。

九是管理。管理要讲究公平和公正。教师对学生不偏向，无私心，爱生如子，一碗水端平，认真抓工作，办实事，使班级形成良好的风气，各项活动成绩突出，无疑能确立"中流砥柱"的地位，令学生发自内心地敬服并产生"归属感"。

十是权威。权威是上述各个方面的综合体现，是学生对教师精神力量和崇高人格的心悦诚服，更是学生进行自我完善所不可少的内在精神动力。[1]

教师人格的实践指归 ╱

一是以全部的爱心去影响学生的情感。传递一份爱心，点燃一个希望。同样，爱心是教师必备的人格内容，是教师最基本的心量品质，是教育永恒的主题，古今中外，凡伟大的教育家都是充满爱心的人。孔子认为"君子学道则爱人"，孟子讲究"治天下"，伟大的教育家苏霍姆林斯基说，他一生中最可贵的就是热爱儿童。全国优秀教师魏书生等，在他们的经验中无不谈及对学生一片真挚的爱心。当今的社会是一个民主和人道的社会，教师只有理性地分析不同的学生的心理，以爱心为前提，充分尊重学生个体，才能赢得学生的欢迎，也只有友爱、善良、公正、尊重、信任地对待学生，教师的教育才能使学生在平和、愉悦的心态下接受，才能使学生产生良好的情感体验，达到"仁爱产生仁爱"的最佳效果。

二是以高尚的品质去陶冶学生的情操。韩愈说："师者，传道授业解惑也。""传道"就是要"教会学生做人"，这就要求教师"身正为范"。教师的高尚品质会对学生的情操起到陶冶的作用。一般人的交往都有"近朱者赤，近墨者黑"之效，何况教师还是在特定的场所、特定的时间"传道"呢！教师具有的一系列高尚的品质会让学生在与他们交往接触中，受到感染和启示。"温、良、恭、俭、让"为传统美德，教师身上若具有这些品质，对学生和谐地与人相处的影响极大。尤其是当今独生子女社会，在一个班集体中，大多数学生个性都特别突出。而这种突出的个性，多是自我意识太强、专横独断的表现，需要教师以成熟的道德品质去平衡，去中和，去协调，去感染。这种影响产生的效果是"任何教科书、任何道德箴言、任何处罚和奖励制度不可能代替的"，它会

[1] 李亚男.教师的人格修炼[M].长春：东北师范大学出版社，2010:51—52.

让学生心中形成自己的道德价值观念和道德价值判断。

三是用优雅的行为去感化学生的习惯。优雅的言谈举止是一个人良好品德修养的表现，也是一个人气质美的表现，更可以说是内在美的外化，作为教师应在这方面努力严格要求和完善自己，因为"身教甚于言教"。这表现出学生的"向师性"和"模仿性"。许多学生在坐、立、行、课前准备、卫生习惯等方面做得很差，许多教师也是天天强调，但就是不见效果，究其原因是有些教师自己在这些方面就不太注意，常有粉笔头乱扔，随地吐痰，写字潦草，上课两手叉腰，手机随叫随接，甚至言语不检点等不良习惯，对学生不仅没有形成正面的积极影响，反而造成负面的消极影响。也可以这样说，教师优雅的行为之美也是其美好心灵的个化。一位着装大方优雅、言谈风趣、表情丰富、举止得体的教师往往给学生"美"的感受，使不少学生产生"偶像感"，不自觉地接受教师的行为习惯，而改变自己不良的行为习惯。

四是用渊博的知识去激发学生进取。知识渊博是作为一个成功的教师所不可缺少的，教师的爱心、道德品质和行为美无疑会促使学生"亲其师，信其道"，但当自己的"道"不够"精"不够"深"的时候，不能以一桶水来浇灌无数朵花的时候，学生势必会产生怀疑，势必会影响学生的学习积极性。因此，教师应努力提高自己的业务水平，注意"教学相长"，达到"学高为师"的水平。教师渊博的知识的含义不光是书本知识，还应包含能引导学生轻松愉悦地接受新知识，在学中找到学习的乐趣和方法，培养起钻研精神和高超的教育教学技能。当学生在高明的舵手即教师的引导下遨游知识海洋的时候，他们会感到浩瀚无比、缤纷绚丽，定会激起他们刻苦奋进、扬帆前行的勇气和力量。[1]

教师人格的价值定位 /

"春蚕到死丝方尽，蜡炬成灰泪始干"。人们常说，教师是人类灵魂的工程师。

[1] 李亚男.教师的人格修炼[M].长春：东北师范大学出版社，2010：53—54.

从古至今，教师承载了许多人的期望。教师成了知识的象征，道德的象征，能力的象征。"学高为师，身正为范"，这是对教师职业特征的概括，也是对现代教师人格塑造的要求。俄国大教育家乌申斯基曾经说过，教师的人格对于年轻的心灵来说，是任何东西都不能代替的，教师的人格是教育事业的一切，只有人格才能影响人格的形成和发展。因此，在教育现代化的进程中，塑造现代教师人格始终是一项基础性工程。人格是人的社会性的集中体现，它带有职业的烙印，不同的职业有不同的人格特质和模式要求。

"教师人格"是教师应具备的良好的情感及意志结构、合理的心理结构、稳定的道德意识和个体内在的行为倾向性，也是教师为适应未来社会要求、职业要求而应努力塑造的整体性人格。古人云：师者，人之模范也。教师不仅是知识传授者，还要成为信息鉴别者、思想教育者和道德示范者，应该是"人类灵魂的工程师"。他们的人格模式要求应当先于、优于和高于其他行业的人格模式要求。也就是说，教师人格应该是全社会的表率。

教师必须具备对教师职业的认同及其由此而形成的奉献精神，必须具备足以使受教育者顺利接受"教化"的教师人格，明确地提出"教师人格"的基本要求，规范"教师人格"的民族精神内涵、科学精神内涵、时代精神内涵、教师职业内涵，并以此为基础来造就一代面向21世纪的具有教师人格魅力的新型教师。

塑造现代教师人格，既是教师劳动的特点、人民教师的崇高职责和新时期历史使命的客观要求，也是广大教师内心的愿望。

第一，教师劳动的特点规定了教师人格的特殊性。教师劳动与其他行业，特别是与工农业劳动相比，具有许多不同的特点。教师劳动的最大特点是培养、塑造新一代，是做人的工作。教师的劳动对象是人，是一个个活生生的具有不同个性的学生，教师的主要劳动工具是人，是涵盖着其全部人格、知识和才华的教师本人；教师的劳动产品也是人, 是能够带着教师在他心中播下的种子, 使之发芽、开花、结果, 播撒更多的种子影响社会的学生。所以各个社会和阶级总是对教师人格有特殊的要求。一般来说, 教师不管自己所处的社会地位如何, 总是凭着自己的职业良心, 尽可能对学生进行一定的思想品德和文化知识的教育与熏陶。

第二, 教师要有高尚的道德素养是教师职业所特有的。不是社会上什么人都可以做教师的, 做教师的人要行为世范。古往今来, 对教师都有双重要求, 即"教书育人"。孔子说"其身正, 不令而行。其身不正, 虽令而不从","不能正其身, 如何正人?"教师要培养学生成人, 首先要正己。这样才能言传身教, 而身教重于言教。因为, 教育的对象是人, 教师不仅是知识的传播者、学生潜能的开发者, 而且也是学生行为的榜样、示范者, 教师的高尚情操、人格魅力等将对学生起着终身的影响。当今社会上的多元文化对教师的诱惑很强。教师应该自觉加强自身的道德修养, 率先垂范, 既要有脚踏实地、乐于奉献的工作态度, 又要有淡泊明志、甘为人梯的精神境界, 以自己的高尚人格教育和影响学生, 努力成为学生的良师益友, 成为受到全社会尊敬的人。

第三, 当今社会作为一个教师, 除了自己要有一身正气, 更重要的是要与时俱进, 否则就是在刻舟求剑了。传统的教育观念认为: 教师有一桶水, 才能给学生一杯水。现今新世纪、新时代的教育则要求: 教师不再是一桶水, 而是一条源源不绝的河流。当今时代, 新知识层出不穷, 知识更新周期不断缩短, 每个人都要加强学习、终身学习。教师是知识的重要传播者和创造者, 连接着文明进步的历史、现在和将来, 更需要与时俱进, 不断以新知识充实自己, 成为热爱学习和终身学习的楷模。

第四, 传统教师的职责是"传道、授业、解惑", 以传授知识为主, 是知识传授者。教师, 是"教书匠"。但在今天的素质教育发展中, 在现代知识经济时代, 教师不单要传播知识, 而且对知识创造的推动作用是很重要的。要培养有创新精神的学生, 教师本身就应该具备探究精神。所以, 教师应该是研究者。不仅具有较高的教育理论修养，较广阔的视野，而且能对自己在日常教育活动中所出现的问题进行深入的研究和探求，边学习边研究边实践，只有这样才能应对信息社会对教育提出的挑战，才能更好地实施素质教育。

总之，教师的职业是崇高伟大的。我们的所作所为应无愧于这个光荣称号，守住自己的道德良心，出色履行自己的天职，使"太阳底下最崇高的职业"在新时代更加令人羡慕，让教师作为"人类灵魂工程师"的形象更加绚丽多彩而可敬可爱。

/ 教师人格修炼 /

一般而言，学生深受教师的人格影响，因为师德的魅力主要从人格特征中显示出来，教师是教人怎样做人的人，首先自己要知道怎么样做人，教师工作有强烈的典范性，为人师表是教师的美德。教师以身作则，才能起到人格感召的作用，培养出言行一致的人。俄国著名教育家乌申斯基说："教师的人格，就是教育工作的一切。"身教重于言教，教师要严于律己、以身作则，以自身的言行给学生以楷模之影响。青少年具有模仿性强、可塑性大的特点，师生关系在一定意义上说，就是塑造与被塑造的关系，要求学生文明修身，自己就要讲礼貌，谈吐文雅；要求学生衣着朴素、大方，自己就要端庄、整洁；要求学生言行一致，自己就要说到做到，要求学生说话诚实，自己就要表里如一。动之以情、以情育人，晓之以理、以理塑人，导之以行、以行正人。

形象的修炼 /

仪表

风度仪表是指一个人气质性格、文化素质、审美观念的外部表现，是美好心灵的表露。教师优雅的风度、脱俗的气质、优美的语言、整体的衣着、端正的外表、和谐的动作表情、工整潇洒的板书、活泼开朗的性格，以及谦逊宽容的态度，对学生的心灵有很大的影响，有助于陶冶学生的思想情操，使学生由受其师而乐于学，师生友好合作、顺利地完成教育教学任务。教师的衣着、表情举动、姿态等不仅直接影响学生的情绪，而且对学生的行为产生潜移默化的作用。教师的教态优美，培养出来的学生也会温文尔雅、彬彬有礼。教师是一个特殊的职业，所面对的不是物而是人，其基本形象如何，是能否登上讲坛的关键要素。教师站在讲台上，无意中是在展示他（她）的"美"。

追求美，是人的本性。当然"美"有"外表美"和"内在美"。但学生在接受一个新教师时，总是从对他的外在美的审视开始的。教师一走进课堂，立刻就成了学生们关注的中心。学生首先以审美的态度向教师投以注意的目光，教师整洁大方的服饰衣着、举止优雅的举手投足、亲切热情或幽默睿智的神情，都能使学生产生愉快感，都会对学生产生一种初始魅力。在师生交往中，第一印象常常是最深刻的，社会心理学中称之为"首因效应"。有一本叫《接触的最初4分钟》的书，著作者提出，人们在彼此决定是否成为朋友时，接触的最初4分钟起着重要作用。若要给人以美好的印象，使人喜欢你，必须讲究仪表和风度。周恩来同志就读过的南开大学里曾有一面立镜，镜子上方悬挂着"容止格言"，内容是"面必净，发必理，衣必整，纽必结，头容正，肩容平，胸容宽，背容直。气象：勿傲、勿暴、勿怠；颜色：宜和、宜静、宜庄。"

在社会交往中，良好的仪表可以增加我们的吸引力和可信度，同样，教师的仪表也对学生有多方面的影响。比如，教学中常有的现象，一个班级数名任课教师，学生对他们的态度也有很大的差异。对有的教师，学生乐于接受他们的教育，而对另外的教师则心存抵触。造成这种现象的原因之一是教师仪表。学生往往认为仪表好的教师"言而可信，行正可效"，因而，对这样的教师的教育能自觉接受。相反，对形象差的教师学生会认为他的话不值得听、不值得信。教师一旦失去威信，教育效果将大打折扣。而且，一般说来，对形象好的教师，学生会产生亲近感受，师生容易建立良好的师生关系，缩小师生间的心理距离，增强学生对教师的情感认同。仪表确实是外在的东西，但更是内在心灵美的体现，优雅得体的仪表向学生传达出的是积极向上的人格魅力，是对自己和他人的尊重，这对学生建立良好的道德行为有潜移默化的影响。

教师的服饰在第一印象中占有重要地位。许久以来，教师的穿戴总是和"艰苦朴素"四个字联系在一起，教师走在街上或是参加社交活动，常常被人一眼看出。久而久之，"艰苦朴素"和"不修边幅"等同了起来，记得改革开放初期，不少学校明文规定教师不得穿牛仔裤，不得穿滑雪衫，不得戴墨镜；女教师不得烫发，不得戴首饰，不得涂口红等等。然而时过境迁，今天又有谁会为教师穿一条牛仔裤，戴一条项链而奇怪呢？可见，关键不在于教师的穿戴，而在于思想的解放，观念的转变。衣着讲究应该理解为风度翩翩，一位学者不应该把他的学识挂在口上，学者最基本的特征就是不事炫耀。

时代在前进，观念也在更新。爱美之心人皆有之，教师的穿着应当跟上时代，体现出"职业美"和"现代美"。穿着是一门学问，也是美的教育的一部分。教师不能不修边幅，不能让学生觉得太潮、太土、太随便。建议教师们在临上班走出家门前照照镜子，审视一下自己的形象包装，这并不多余。

教师的着装要求端庄得体，要体现职业特点和个人气质，但不失亲和力。21世纪是市场经济的社会，学校也逐渐走向了市场，学生出学费上学，实际上购买了教师的授课服务。商品要包装，难道教师就不要包装吗？男教师擦亮皮鞋，刮干净胡子；女教师略施淡妆，佩戴合适的首饰；在开学典礼、毕业典礼或其他重要场合，更是以正式的礼服盛装出席，这些都是现代社交、现代礼仪所提倡和必需的。服装越来越成为体现社会地位、工作性质和应负责任的标志，因此，人们的行为模式应与这一标志的要求相匹配。正像人们从未见过穿西装、打着领带的人在打高尔夫球一样，我们的教职工也不应当穿沙滩裤或超短裙上班。

21世纪教师们的着装不该是传统的"朴素、古板"，从红粉工程中我们可以发现它已经被赋予了时代的内涵，时尚的穿着可以增加教师的亲和力，拉近师生的距离。教师需要人性，着装正是个性的一个方面，因此，教师无需统一服装，但个性不是前卫、另类，这与教师的职业特点不相容。教师的仪表始终应当是端庄、得体的。

语言

教师的语言在很大程度上决定着学生学习的效果，它不是蜜蜂，却可以黏住一切。教师的语言技艺也是其魅力所在。从职业角度看，教师恐怕是说话最多的了。如果按"满堂灌"的教学方式计算，教师在一堂课上说的话足足抵得一普通人一个星期说的话。从语言的角度来讲，说话不仅是一门技巧，更是一门艺术。教师的语言魅力主要在于要有"激情"，"言为心声"，此话一点不假。教师在课堂上将自己对教育事业的投入、对学生的热爱、对所教专业的精通融入了语言，他的声音必然充满热情，必然富有感染力，必然具有吸引力，必然产生号召力。

教师的语言素养是上好课的关键，苏霍姆林斯基指出："教育的艺术首先包括谈话的艺术。"教师的教学效果很大程度上取决于他的语言表达能力，这就给教师的语言修养提出很高的要求。教师的语言是在教育教学实践过程中逐步形成的符合教育教学需要、遵循语言规律的职业语言。如果教师的语言素养好，那么他上起课来会非常轻松，学生听的也非常明白，课堂效率怎能不高？相反，语言能力差，就会耽误许多时间。

教师的基本语言功应达到：说话清楚有力，生动风趣，思路清晰。"非礼勿言"是《论语》中的一句话，意思是不合乎礼仪的话不要说。使用规范、正式和文明的语言，应当是每个教师必须具备的师德。语言的丰富多彩、风趣幽默、言之有物、言之有度、言而有信实际上体现了教师的才华，体现了教师的学识，体现了教师的智商，更体现了教师的人品。国家教育部有明文规定，所有中小学教师必须通过普通话测试，不合格者不得上岗。不过目前要求所有的教师都说一口标准的普通话，恐怕还不现实。教师略带乡音的普通话，恰恰是教师独特魅力的一部分。一个优秀的教师必须具有良好的语言能力，并且在语言的运用当中渗透新课程改革理念。既是一位出色的"语言家"，又有比较先进的理念来支撑着教学语言，才能使课堂教学既吸引人又实用。总的说来，执教者的语言应该具有如下特点：

第一，教师语言的准确性。教师的语言要准确、鲜明、简练。所谓准确，就是要观点明确，语意清晰，发音标准，遣词得当，造句符合文法，推理合逻辑，用语具有专业性和学术性。所谓鲜明，是指语言要褒贬分明，饱含真情实感，爱什么，恨什么，赞扬什么，反对什么，泾渭分明。所谓简练，是指语言言简意赅，论述简明扼要，提纲挈领；分析鞭辟入里，丝丝入扣；描绘画龙点睛，入木三分；见解独到深刻，令人耳目一新。这样的语言才会具有感染力和吸引力，才能够像春雨一样流入学生的心田，同时把美好的思想和科学的知识一道带进去。

第二，教师语言的纯洁性。教师的语言要纯洁、文明、健康。语言纯洁，就是要讲普通话。语言文明，就是用语要文雅、优美，语调要和谐、悦耳，语气要亲切、和蔼，使学生听后能产生愉快感，乐于接受教师的教诲。语言健康，就是在使用语言时，要切忌一切低级、粗俗的污言秽语。语言是一个人文明程度的表露。教师的语言修养是其为人师表的重要因素，会对学生的道德品质培养和审美修养产生极大影响。苏霍姆林斯基指出："对语言美的敏感性，是促使孩子精神世界高尚的一股巨大力量。这种敏感性是人类文明的一个源泉所在。"因此，要启迪学生心灵，陶冶学生情操，教师就要用醇美的语言去触动学生心弦,给学生以美的享受,使其形成纯洁、文明、健康的心灵世界。

第三,教师语言的启发性。教师的语言要含蓄、幽默、富于启发性。教师如果言语丰富,措辞优美,含蓄幽默,富有魅力,让学生置身于语言美的环境和氛围之中,学生就会心情愉快,兴味盎然,思维敏捷,从而收到良好的教育和教学效果。语言是一门科学,更是一门艺术。教师工作是创造性的劳动,在教师劳动的每一领域,都需伴有取得沟通教育对象心灵最佳效益的语言;教师应有一个语言库,贮有丰富的资料,取之不尽,用之不竭;教师还应具有很强的驾驭语言的能力,根据需要,呼之即出,信手拈来,用得妥帖。这就要研究学校教育活动每一领域的语言,要研究使用教育教学语言成功和失败两方面的经验,要研究不同教育对象的语言特点,要研究不同学科教学语言的特点,还要研究其他行业可借鉴的语言。在研究中,勤于采集大量语言材料,善于分析综合语言材料,还应持之以恒对某一语言现象进行跟踪积累、研究,并对教学语言的效益进行评估。

举止

教师人格就像一面镜子,学生可以从中认识到什么是善、什么是恶,什么是美、什么是丑,什么是高尚、什么是卑劣,什么是应当做的、什么是不应当做的,教师用身教来印证平日的言教,对学生最具说服力和感染力,有力地推动着学生在人格塑造中由"知"向"行"转变。捷克教育家夸美纽斯说,教师的职务是用自己的榜样教育学生。"为人师表"是人们形容教师最常用的四个字,为人师表就是要求教师在日常生活中,特别是在学校履行工作职责时要严于律己,以身作则,以自己的一举一动去感染学生,教育学生。学生对教师特有的期望和依赖,往往使他们在观察教师时产生一种"放大效应":教师的一件小小善举,会使他们感到无比的欣喜;教师的一点小小瑕疵,则会使他们产生莫大的失望。

教师的举止既体现出道德修养、文化水平,又表现出与别人交往是否有诚意。教师的举止是学生学习、效仿的重要内容,具有重要的示范作用。良好的教师举止对学生的思想品德发展起着楷模作用,对课堂教学起着强化作用,对学生的良好行为习惯的养成起着促进和引导作用,对社会主义精神文明建设起着辐射作用。无论是在课堂上、教室里、学校中,教师的走相、站相、坐相以及举手、鼓掌,都有可能深深铭刻在学生的心灵上。为此,教师必须加强自己举止的修养和示范。

举止是指教师的姿态和风度,包含站、坐、走、立、点头、举手、鼓掌等内容。优良的教师举止,首先要做到"举止有度",即"站有站相,坐有坐相"。站立是人的最基本的姿势,站立的要领是挺胸、收腹、梗颈。站立要端正,眼睛要平视,嘴微闭,面带笑容。女教师站立时,双脚呈"V"字型,膝和脚跟要靠紧,两脚张开的距离约为两拳,上半身要保持挺直,下巴要往内收,肩膀要平,腹部要收,臀部不能翘起。男教师站立时,双脚与肩同宽,身体不东倒西歪。坐要讲究姿势,从椅子的左边入座以及从椅子的左边站立起来,入座时动作要轻盈、和缓、从容自如;落座后,要保持上身正直、头平正,两臂可弯曲放于桌子上或椅子、沙发扶手上,两脚内收。走路时要昂首、闭口,头部端正,两眼平视前方,挺胸、收腹、直腰、行走间上身不动,两肩不要摇,步态稳健、轻松、灵活,富有弹性。其二,要做到举止得当。向人点头时,眼睛要看着对方,面部略带微笑;与对方距离较远或交臂而过时间仓促时用举手打招呼;有长者、尊者到来或离去时,应起立以表敬意;鼓掌时应有掌声。其三,要做到举止文明。不要抖动腿脚,那是一种缺乏自信心的表现,同时让人反感;不要挠头摸脑,既不卫生,又显出你过于拘束与怯场;不要揉鼻挖耳,它不但给人一种感官上的刺激,而且使人感到你很傲慢,不懂礼貌;与人谈话要站在1米以外、3米以内的距离,距离过近或过远都会有失礼貌。其四，要做到举止潇洒。男教师的举止应具有"阳刚之美"，女教师的举止要优雅得体，不要粗野或故作姿态，装腔作势，要自然大方、从容不迫、谈笑自如。其五，教师应注意每一个细小的育人环节。上课铃声响了，教师走进教室，看见黑板没有擦，不声不响拿起黑板擦，擦干净了黑板，然后轻轻地提醒道，"以后值日生别忘记在上课前将黑板擦干净"，然后开始了上课；教师走进了教室，看见地上有几片纸屑，走上前弯下身，将纸屑拾起，放进了墙角的簸箕里；教师正在给学生们讲解，突然一位学生的铅笔盒掉到地上，学生的注意力全被这突如其来的响声吸引了，你立即走上前帮助那位同学将散落的东西捡拾起来；老师这几天明显是病了，声音沙哑，不时地咳嗽，捂住胸口，但没缺过一堂课，没有迟到过一次……学生们的心灵往往是被这些不起眼的一举一动所震撼，所净化，这一切要比空洞的说教强百倍。[1]

内在的修炼 /

学识

苏联著名教育家苏霍姆林斯基曾举过这样一个例子，有位年轻的校长去听一位教师上几何课，他的思想完全沉浸在这位教师精湛的讲解中，以至于当这位教师问学生"你们谁能回答这个问题"的时候，这位校长全然忘记了自己是来听课的，竟举手说："我！"苏霍姆林斯基称赞说："这才是真正的艺术"，"这才是最具学识魅力的老师"。

在文化领域里，能够让人崇拜的大师总是让人终身难忘，称其为大师必定有渊博的学识，丰富的人生阅历，高贵的品格。国家经济的发展差距一定会逐渐缩小，当我们还能够感觉出明显的不同的时候，一定是教育的差异，身为从事教育行业的老师，担

[1] 李亚男.教师的人格修炼[M].长春：东北师范大学出版社，2010.104—105.

负着任重而道远的使命，我们的远见卓识影响着孩子们的理念，我们的学识奠定着孩子们的志向。教师广博的学识魅力，是指引孩子们前行的一盏明灯，并为他们开启了一扇心窗，能见到他们不曾见到的缤纷世界。

从学识方面来看，教师应该是走在时代前列的人。自古以来，身为一名合格教师，其首要一条就是具有深厚而广博的学识。我们都知道，一名理想教师的知识结构包括三个方面，那就是：广泛深厚的文化科学基础知识，扎实系统精深的专业学科知识，全面准确的教育科学知识和心理科学知识。这就要求教师不但对所教课程有精深的认识，还应有广博的知识。所谓"精"就是要"知得深"，对专业知识不仅知其然，而且知其所以然；所谓"博"就是要"知得广"，能触类旁通，具有相关学科的有关知识。作为今天的老师，这一点尤为重要。新世纪已经来临，对于那些拥有新知识的人来说，新时代意味着一个充满机遇和挑战的世界。

教师们在升学率指挥棒的压力下，整天忙于研究考纲；忙于批作业，搞家教；忙于应付各种形象工程活动；忙于完成繁多的形式主义的教学指标；忙于参加各种大大小小的有用无用的会议。中小学教育教学成了小学——初中——高中——大学的"生产流水线"，教师成了"流水线"上的机械式的操作工，只要到时候完成升学指标就算完事，人的素质、学习能力的培养统统没有了。"没有时间"、"心态浮躁"、"急功近利"、"好大喜功"是造成当前一些中小学教师，特别是学校领导"不读书，少读书"的根本原因。不少学校领导根本耐不住寂寞，定不下心来看书学习，用于交际应酬，开各种会议的时间，远远大于读书做学问的时间。有些校长，腰揣大哥大，轿车来轿车去，东奔西跑，饭局不断，与其说像校长不如说更像"老板"。教师只有具备了符合自己知识水平、个性特点、审美情趣的教学风格，才能使自己的实力与魅力得以充分显示。不管是教学内容的处理、教学方法的选择、教学方案的设计、教学过程的组织，还是偶发事件的处理，教学语言的运用，都需要教师精心的设计、斟酌。教师在教学过程中，勇于创新，巧妙有机地结合知识传授，展现自己的情感、意志和人格力量，让学生在获取知识的过程中得到精神上的享受，受到美的熏陶。

苏霍姆林斯基指出，要上好每堂课，教师就必须经常地博览群书，补充自己的知识，使自己的思想之流，如潺潺流水，永不枯竭。中小学教师在读什么书？根据《中国教育报》对全国不同地区中小学教师的一次抽样调查显示，目前教师阅读书籍中高居榜首的是教学参考书，远远超过了小说、教育理论和文史类、时事类、科技类书籍。中小学老师，尤其是学校校长、书记"不读书，读书少"，是当前的普遍现象。除了教委规定的往往是"走过场、凑满分"的岗位培训进修课时外，教师很少读理论性书籍，尤其是教育理论和现代教育技术书籍。一些教育学者指出，过分依赖教学参考书说明有些教师的素质和能力存在欠缺。然而，教师普遍离不开教参，而且其中特级教师阅读教参的比例最高。

威信

如果将"问渠哪得清如许，为有源头河水来"用在教育教学上，那是一种教育教学上的艺术。"四块糖果树威信"的故事，讲的是我国著名教育家陶行知先生运用自己的人格魅力贯彻了自己的教育思想，运用自己独特的方式维护了自己在学生中的威信。这里并没有教师对学生施加任何耳提面命的处罚，只有教育上的感动。心理学认为威信分为两种：一种是由不可变因素（如传统，职位、资历等因素）构成的权力性威信，另一种是由可变因素（如品质、能力、知识、感情等因素）构成的人格威信。一般来说，年龄较大的老教师因为教学经验丰富，资历高等更容易获得学生的尊敬。对于年轻教师来说，不可变因素构成的权力性威信还不能在一时之间具备，但对人格性威信起着决定作用的品质、才能等要素，只要注意修炼就可以通过自己不断地学习、探索而提高，从而获得学生的依赖。

心理学分析表明，在小学低中年级阶段，学生由于认知水平有限，科学的世界观，人生观和价值观还没有开始形成，社会认知较低，依赖性较强，往往对教师言听计从，很少产生逆反心理。而在小学高段的学生，认知水平提高，世界观、人生观、价值观和民主意识、独立意识开始形成，对许多事物和现象开始或已经有了自己独特的认识。这些认识都是他们在成长过程中，通过反复观察，学习分析和综合而逐渐习得的，一般不容易改变。这一阶段的学生遇事较有主见，往往以"自我"为中心思考和处理问题。在这一时期，学生的认识与教师的认识一致时，由于受教师"权威"的影响，他则被教师认为是听话的"好"学生。反之他则被教师认为是不听话的学生，而这类学生就容易产生逆反心理。

教育的根本除了教会学生应有的知识，更重要的是教会学生怎样做人。其实，教师在教育中树立威信的方法很多，也不难，只要教师站在学生的角度付之以高度的责任心，摆正心态，维护学生的利益，其人格威信就自然树立了。教育是最具人性美、艺术美，是心灵与心灵之间的塑造美。良好的教育艺术对孩子的一生有着深远而又不可估量的影响。尊重孩子，一定能赢得孩子的尊重，要用自己高尚的品质，高度的责任心，执着的感情去树立教师的人格威信。

教师威信是教师具有一种使学生感到尊严和信服的精神感召力量。威信不同于"威严"，前者使人亲而近之，后者使人敬而远之，威信高的教师往往深受学生的爱戴和崇拜，上课时学生能认真听，积极想，有问题及时问，听课时有着愉快的情绪体验，教学效果常常很好。反之，威信不高或无威信的教师，不仅教育、教学效果差，而且还会引起学生反感，甚至闹对立情绪。那么，教师如何提高自己的威信呢？

第一，树立良好的第一印象至关重要。学生对于一个不熟识的教师总是信任和尊敬的, 这种初始感情是建立在教师的身份所赋予的权利和权威的基础之上, 是一种职业本身所固有的、不牢固的感情, 它将随着你与学生的接触、交往发生很大的变化, 或淡漠或加深, 这要看你各方面的本领了。教师都知道到刚接任的新班去上课, 前几节课几乎没有学生不认真的, 但一周以后, 有的教师能继续保持这种比较好的教学环境, 而有的就不能。从表象看, 这似乎是学生之故, 事实上, 恰恰相反, 是教师教学水平、教学艺术的高低所致, 所以应认认真真上好第一周特别是第一节课, 使学生认为你的课上得风趣、幽默、有水平。

给学生留下良好的第一印象, 使学生从心底里尊重你、爱戴你, 发展那份初始感情, 这才是你自己真正树起来的威信。否则, 你若轻视学生对你的那份初始感情, 以权威者自居, 对学生发号施令, 不讲民主, 自己一人讲了就算, 甚至讽刺、挖苦或干脆体罚学生, 那份刚建立的感情必将破裂。据统计, 学生不喜欢听哪位教师的课, 80%以上是教师自己直接或间接造成的。那种心目中没有学生的言行, 势必引起学生的反感, 威信不但树不起、提不高而且还要大大下降。

第二, 扩大知识面, 提高"玩"的水平。中小学生好奇好问, 喜欢与教师交流他们的所见所闻, 你若一问三不知, 你的威信会立即下降, 在暗地里, 学生甚至会毫不客气地讲"某某老师水平很洼"。所以, 平时我们应多读多看, 广泛涉猎, 不断充电, 随时注意生活中各方面的知识, 特别是学生感兴趣的问题, 以便与学生相互交流。另外, 作为一个教师还要有"玩"的水平, 像打篮球、乒乓球、下棋、唱歌、跳舞等, 最好样样会一点, 有专长的项目则更好。因为"玩"的水平高的教师, 对教育爱玩的学生特别有效。

第三, 要提高自身修养、培养良好习惯。教师的一言一行, 直接影响着学生。为此, 教师在上课及日常生活中都应注意自己的穿戴、举止等一系列外表, 提高自身修养, 培养自己各方面的好习惯, 使自己成为学生心目中的楷模。如果不注意这些, 像有的老师上课穿拖鞋、背心、衣冠不整、奇装异服，甚至一边讲课一边抽烟等，威信便无从谈起。

第四，要有崇高的思想品质和优秀的心理品质。教师崇高的思想品质集中表现在忠诚于教育事业，有高度的责任感，工作兢兢业业，言行一致，以身作则。唯有这样，才能使学生心悦诚服，也只有具有这样思想品质的教师，才能在学生中树立威信。教师优秀的心理品质主要体现在与学生的交往中，在课堂内教师解决问题时所表现出来的坚强意志，不屈不挠的精神，平等待人的民主态度，对难题的巧解妙证等，学生看在眼里，记在心里。在课外，你给尖子生开小灶，给差生辅导；学生生病你去探望；学生集体活动你能积极参加；能与学生玩在一起，聊在一块；与学生家长保持正常联系。这些都有助于师生感情的交流，因为威信的建立离不开感情作基础。

第五，提高教学水平，重视教学效果。教师在学生中是否有威信，学生几乎全看在你的教学水平和教学效果上，一个没有效果和水平的教师想要在学生心目中占有一席之地，那是很困难的，或者讲是不可能的。要想自己有水平，必须不断学习提高，至少对课标范围内的问题会顺利解决，不要被学生问呆了。对难题、偏怪题以及部分竞赛题出现几次卡壳现象是难免的，只要你愿意与学生一起共同探讨研究，学生是会谅解的。另外，修炼好一手教学基本功也很重要。像能写一手漂亮的粉笔字、钢笔字，徒手画几何图形的技巧，处理学生偶发事件的能力等，无形中都有助于你威信的提高。

师爱

师爱，是开启学生心智的钥匙，是培养人的重要途径，是教育的核心和根本。师爱是教师职业道德的基本要求，也是教师人格魅力的集中体现。许多有成就的优秀教师和教育家，都把师爱看作是教师的基本美德。孔子主张教师对学生要"仁爱"，要"诲人不倦"。苏霍姆林斯基在《把整个心灵献给孩子》中说："要成为孩子的真正教育者，就要把自己的心奉献给他们。"由此可见，师爱是教师特有的一种职业情感，是良好的师生关系得以存在和发展的基础，是搞好教育教学工作的重要因素，也是教师应具备的道德行为。

第一，要尊重学生。我们面对的学生是一个个有个性、有思想、有追求的主体，更是一个和我们生活在同一时代的完整的社会人。尊重学生的人格，尊重、理解他们的意见和想法。在教书时，要及时反馈，随时调整教学方法，做到"教学相长"。设身处地为学生着想，站在学生的位置来观察、分析和认识问题，推心置腹地教诲，用尊重他人的行为影响学生。只有选择适当的场合，恰当的方法，采取尊重、宽容的态度，动之以情，晓之以理，才能使学生在头脑中与你的谈话产生共鸣，消除他反抗、对立心理。

第二，以人格魅力塑造学生。率先垂范是师爱的最高境界。自古以来，人们常说："学高为师，身正为范"。身正则德高，其身正，不令而行。要求学生做个好学生，自己必须做个好教师。要靠自身在日常生活中体现出来的热忱的劳动态度、高尚的社会道德去影响和感染学生。教师的人格魅力是教书育人过程中最直接、最深厚、最长久的力量。教师爱学生，需甘愿付出，不断自我勉励，以奉献为乐，不把付出和成绩成为炫耀的资本和索取的筹码。一个把给予当作快乐的人，他的心态总是满足的，平衡的，向上的。春风化雨，润物无声。应从自我做起，随时表现出良好的公德及正义善良的个性，热爱所有的学生，一视同仁，不随俗沉浮，以彬彬有礼的言语，落落大方的举止来感染每一个学生，使学生的思想、行为、品德在潜移默化中受到陶冶。

第三，以高度的责任心关爱学生。作为教师要有爱学生之心，爱他人之心，爱集体之心，爱国家之心，教育的奥秘就在于如何爱护学生。教师爱学生，不仅是为了完成眼前的教育教学任务，更是为了民族的兴旺发达而培养有用之材。教师的精神境界、品德情操、知识见解、治学态度等，都在潜移默化地影响着学生，教师的责任不仅仅是"授业，解惑"，更重要的是要教学生"学会认知"、"学会做事"、"学会生存"、"学会合作"。首先，教师爱学生，要从严要求，"严是爱，松是害"，要爱心启迪，严慈相济，严格管理，严格要求地爱，富有教育意义地爱。随着人们生活水平日益提高，学生大多生长在"蜜罐"里，家长对他们已经宠爱备至，呵护有加，师爱不能停留在嘘寒问暖，更不能放任纵容，一味心慈手软，疏于管理。教不严、师之惰。师爱给予学生的应具有更深的内涵，要让他们有良好的心理品质，培养学生正确地判断，把握控制自己情绪的能力和与人交往的能力。不论是青春年华的教师，还是岁月沧桑已写在脸上的教师都应保持童心，走进学生的心灵，以学生的眼光看问题，尤其对犯错误的学生，更应冷静、理智地了解，分析他们所做的一切。遇到个性强，养成教育差的，需要角色换位，情感换位。这样采用平等商讨的语言，以心换心，能使有逆反心理的学生内心受到感化，唤醒他自我完善意识。其次，教师爱学生，就要想方设法地教好学生，尽职尽责地把知识传授给学生，并教会他们运用知识。以学生求知需求为主线，追求教师和学生面对知识共同探讨，平等对话。中学生渴望被人关注，渴望得到肯定和承认。为满足学生的心理需求，多让他们体验成功的喜悦，让他们有成就感，用爱心去滋润、激发学生人人争取成功的信心和勇气。教师爱学生，更要爱"后进生"。"后进生"更需要格外扶持，格外关心，倍加爱护，力争在他们身上发现创造性劳动的源泉，发现他们身上的闪光点，让每一个学生都能在自己的基础上不断提高。爱是细微之中的真情。在教学过程中，教师一句温馨的话语、一个爱抚的动作都能传达爱。教师要在听到学生的发言时对学生微笑赞许地点头听到满意处走到学生面前拍拍学生的头，这些自然流露的做法，体现的是对学生的人文关怀。教学中教师应巧妙地将爱播撒于教育的各个细节之中，一个不经意的细节都会使学生如临春风，如沐时雨，感受到来自教师的浓浓爱意，从而"亲其师而信其道"提高课堂凝聚力。

第四，要对学生多一分宽容和理解。学生是成长中的独立个体，难免会在成长中出现一些"越轨"行为，这时，就需要教师对学生多一分宽容和理解。这有助于教育教学的正常进行，也有利于良好师生关系的形成。只有在这种宽松、民主、和谐的教育氛围中，学生的个性才能得到充分的张扬，创造性才能获得更好的发挥，从而产生最佳的学习状态，轻松愉快地进行学习。

第五，要平等、公正地对待每一个学生。每个学生的地位都是平等的，都希望得到教师平等、公正的待遇，教师不能以自己的喜、怒、哀、乐牵制于学生，使学生受到岐视和不公正的待遇，甚至讽刺、挖苦、歧视和体罚学生。这样，不但会伤害学生的自尊心，也有损于教师的自我形象，在学生心目中留下阴影。

第六，要成为学生的知心朋友。正如苏霍姆林斯基所说："教师不仅要成为一个教导者，而且还要成为学生的朋友，和他们一起克服困难，一起感受欢乐和忧愁；要忘记自己是个教师，而这时，孩子才会把一切都告诉你。"

教师带着责任之心、奉献之心、理解之心、尊重之心、宽容之心走近学生，师爱就成了一种巨大的教育力量。正因为有了师爱，教师才能赢得学生的信赖，学生才乐于接受教育，教育才能收到良好的效果。教师真实的爱，将导致学生智力、情感、个性的顺利成长。总之只要教师把爱牢记在心，把师爱化作无言的行动，像春雨一样去滋润每个学生的心灵，便会培育出一片似锦繁花。

个性魅力

个性化教育是21世纪教育的必然选择。教育家彼得洛夫斯基曾说："教师的个性强有力地影响着学生的智慧、感情和意志的发展，影响着他们的生活。在教育中，一切都应以教育者的个性为基础。"教师鲜明的个性对学生有着天然的吸引力，能够非常强烈的，自然而然地影响学生。师生的和谐，缺乏能够强有力的吸引学生的鲜明个性是不可想象的。"成为你自己"这句镌刻在奥林匹斯山石上的名言,应是每个教师矢志不渝的方向。因为实施素质教育重点是培养学生的创新意识和创新能力,而个性是创造的前提,千人一面、万人一腔的教育模式,难以培养出创造性人才。要培养具有创新意识和创新能力的人才,就必须关注教师个性的张扬。

(1) 张扬教师个性意义重大。其一,教师的个性对学生的发展具有重要的影响。教师的个性是教师知识、技能、素养的综合表现,是情感、意趣、人格的集中展示,是不墨守成规的探索,不人云亦云的创造,是对现实的强烈追问、保守的透彻批判,是对困惑坚韧的思考、对体制顽强的挑战,是对现状踏实地开拓、对理想执著地攀登。其核心价值表现为一种崇高的精神追求,其终极目标表现为一种破中有立的建设。教师的个性应该是符合教育规律、有利于促进学生发展、建立在教师良好的品德、人文素养的基础上的。是不过分计较得失、不轻易畏惧强权、动摇屈从,保持独立人格和尊严、捍卫和发展真理的。有个性的教师更能够吸引学生,他们的课堂教学更是折射出人的本性,学生的创造热情需要不同个性教师的培养和催发。苏霍姆林斯基曾说过:"一个无任何特色的教师,他教育的学生不会有任何特色。"注重个性发展的素质教育呼唤有个性的教师,教师的个性会强有力地影响学生的智慧、情感和意志的发展。其二,教师的个性是形成自己教学风格的基础。教师风格是一个成熟教师的标志,这样的教师除了具有所有教师共同的特性外,还有自己独特的个性魅力。他身上良好的素养,丰富的情感,豁达的胸怀,睿智与幽默等均受到师生的欢迎与爱戴,与学生有着天然的亲和力。如博习诗书、诲人不倦的孔子;言辞犀利、入木三分的鲁迅,其鲜明的教学个性,使我们领略到大师的风范。个性化的教师是最有魅力的,这魅力源自于教师的个性,有个性的教师总是非常注重对学生情商因素的挖掘,善于激发学生的学习积极性,总是力图让课堂充满活力、充满阳光,因此更能吸引学生的"眼球",其教学风格能深深地打动学生，也就能够领导学生，走进学生的心灵，成为学生的良师益友。其三，教师个性张扬是教育事业发展的需要。近年来，人们对优秀教师个性化的教育哲学越来越关注和重视。所谓个性化的教育哲学是指个人的体验、感悟和价值观用于一定的思想观念之中，并内化为个人主观的不可分割的有机部分。新世纪教育的实施，效果如何关键在于教师有没有建立个性化的教育哲学观。新课程改变了教师的教学方式和学生的学习方式。教师更多地成为学生学习情境的创设者、组织者和学生学习活动的参与者、促进者。教师因学生发展的需要和状况来设计和实施课堂教学，这样的课堂教学不能按照预先设计的环节进行，要富有弹性，以便随着学生的表现来更新调整，因此，教师的学识、教育机制以及个性的张扬对学生的学习有重大的影响。在新课程理念下，教师要有所建树，必须要张扬自己的个性。当一代个性飞扬的教师群体出现的时候，我们的教育就将呈现"一点浩然气，千里快哉风"的境界。

（2）教师个性体现。其一，有健康的情感和意志品质。在教育教学工作中，离不开情感的交流。教师只有用健康高尚、丰富多彩的情感去感染学生，才能使学生的人格得到健全的发展。爱是最重要的情感表现，它包括对祖国、对家乡、对学校的热爱；对教育事业，对所教学科的厚爱；以及对学生的挚爱。爱祖国、爱家乡是化学教师具有健康情感的基本内涵；热爱教育事业，热爱学科教学是教师具有健康情感的主要表现；爱学生是教师具有健康情感的核心内容。其二，不断进取，勇于创新，潜心科研。新理念、新标准、新教材、新教法、新学法已然展现在我们面前，这就要求我们不断学习进取，才能适应社会的发展。我们应不断创新学习方式，不断创新教学方式。冲破传统的以教材为中心、以课堂为中心、以教师为中心的藩篱，实现三个超越：一是超越教材：教材是课堂标准的体现，但教材不是法典，也不是圣经，只要适合学生的年龄特点，体现时代发展的需要，符合化学课程标准的内容都可拿来做教材。二是超越课堂：把学习从课堂延伸到学生的生活中，引导学生用所学知识去观察生活、认识社会，学会用所学知识分析问题、解决问题，真正做到学以致用。三是超越教师：这就是一种教师的自我超越，使自己成为不断学习、不断进步、不断创新的人，成为学生心目中一本百读不厌的百科全书。其三，有坚强的意志和良好的性格，追求执着，意志顽强。我们应在取得成功时，不要得意忘形；遇到挫折时，不要灰心气馁；面对失败不要垂头丧气。英国著名化学家戴维曾说过："我的最主要的发现是由失败给我的启发"。可见，在最困难的条件下战胜绝望，在非常不幸的逆境中顽强工作，让自己心中希望的火花永远燃烧，这是教师取得成功的奥秘之一。另外，教师要有乐观、开朗、豁达、坦诚、幽默或沉稳、果断的性格，给学生以热爱生活、积极向上的愉悦感，自然而然的也给予学生潜移默化的影响，以自身独特的魅力吸引学生、影响学生。其四，具有感受美、欣赏美、诠释美的能力。各个学科各个领域都蕴含着它自身独特的美，语文、外语有语言之美，数学有形状之美、物理有运动之美、化学有变幻之美、生物有生命之美、美术有艺术之美……教师应当具有感受学科之美、欣赏学科之美的能力和向学生诠释学科之美的责任，并引导学生形成健康的审美观。当然，在日常生活中还要注意语言美、行为美、穿着美等等，只要你肯观察，生活中无处不存在美，因此，教师应适时地对学生进行审美教育。如果教师不知道怎样去感受美，欣赏美，又怎能激发起学生对学习的美感和兴趣呢？教师在张扬个性、彰显个人魅力的同时，要不断地完善个性，不断地加强自己的专业素养和道德修养，从而使自己具备让学生终生难忘的个性魅力。

心态的修炼 ／

心态是人的心理由于各种信息刺激所做出反应的趋向，积极正确的心态不是先天固有的，而是后天修炼获得的。我们的祖先早就懂得了这个道理。"人之初，性本善。性相近，习相远。"人刚降生到这个世上的时候都是一样的善良，本无品行好坏，素质高低，心态优劣之分，是后天的习炼造就了人们的不同。到底如何修炼正确的心态呢？孟子说："天将降大任于斯人也，必先苦其心志，劳其筋骨……"苦其心志就是利用各种方式，各种方法，用各种信息去激发去催生正确心态的诞生。人生并非只是一种无奈，而是可以由自身主观努力去把握和调控的，心态就是我们调控人生的控制塔。心态的不同导致人生的不同，而且这种不同会有天壤之别。心态决定命运，心态决定成败，心态是后天修炼的。作为教师，我们完全可以通过修炼我们的心态来成就我们的事业，改变我们的人生。

热爱

教育是培养人的事业，教师是从事培养人的专门劳动者。如何对待所培养的对象，是教师这一行业古今不尽的话题。千百年来，对这一问题的思考和探索，衍生出一种崇高的教师职业道德，这就是热爱学生。随着社会的发展，这一道德要求已被视为当代教师应具备的职业品质。正像苏联教育家赞科夫所说的那样："当教师必不可少的，甚至几乎是最主要的品质就是热爱儿童。"热爱学生强调的是教师对学生要给予热情的关心和爱护，是指教师在教育过程中所表现出来的一种高尚的道德修养、敬业精神和富有人道性的教育艺术。其内涵不仅指教师对学生的关心、爱护，而且包括教师用爱的情感和言行来感化学生、陶冶学生、引导学生、教育学生以及各种具有教育性的爱的方式。

(1) 全面关心和了解学生，因人施爱。学生是祖国的未来，教师对学生的成长都有着良好的期待。教育教学中，教师要从德智体美劳方面全面关心每一个学生，要有一种爱生如子的精神，不仅要关心学生的学习情况，并且更应关心他们的生活冷暖和思想动态，在头脑中建立起学生动态的"数据库"、"活档案"，才能因势利导，便于因人施爱以及因材施教。教师对学生的热爱、关心，不是盲目的，而是建立在对学生充分了解的基础上的。教师全面深入地了解每一个学生，既要了解学生的过去和现在，又要了解学生的家庭生活周边环境；既要了解学生的外在表现，又要了解学生的内心世界，努力使自己成为学生的知心朋友，主动地去理解、帮助他们，取得他们的信任，针对不同的个性，找到学生个性特点的最佳教育途径和方法，对他们进行有效的教育和引导，帮助他们扬长避短，从而提高教育教学效果，学生的身心得到健康发展。

（2）尊重、信任和鼓励学生。全面推进素质教育，要求教师必须树立正确的价值观、人才观和学生观，必须在各项教育教学活动中尊重学生，建立和谐的师生关系，使学生在平等、民主、愉悦的气氛中接受教育，从而在各方面得到健康发展。

尊重学生是建立在师生和谐关系的基本条件。布尔贝曾说过："具有教育效果的不是意图，而是师生间的相互接触。"有相当多的教师要求学生尊重自己，却不知道学生也需要尊重。学生犯了点错，有的大声训斥，有的讽刺挖苦，甚至体罚或变相体罚，虽然用心良苦，但学生并不领情。教师要善于自我克制，就是在受到学生不良言行触犯时，也要冷静，不能意气用事，以宽广的胸怀变被动为主动。教育学生时要信任学生，特别是对后进生的教育，要避免"恨铁不成钢"、"宁给好心，不给好脸"式强制或压服，这种过分的爱最容易出现全面否定，伤害学生的自尊或人格，不仅达不到对学生的激励性，反而容易引起学生的反感或灰心的情绪。爱因斯坦四岁才会讲话，七岁才会念书，但后天的环境让他成为了伟大的科学家；仲永年少时即能诗书，但后天的环境却让他的智力"夭折"。事实上，每个学生都有优、缺点，优生不可能毫无不足，后进生也不会一无是处。关键在于扬长避短，即"教人者，成人之长，去人之短也"。

教师对学生要有绝对的信任和无私的爱，善于挖掘他们的闪光点，鼓励学生尽可能地向最好的方面发展，只有这样，学生才感受到社会对他的肯定，从而变得充满信心，朝气蓬勃，积极向上。尊重信任学生，这是为师执教对学生应有的起码态度和行为。缺乏对学生的尊重和信任，不仅是能否做好教师工作的问题，同时还是是否具备为人为师的道德问题。在教育活动中，教师对任何学生都应怀有尊重的态度和行为，应把学生看作一个有独立人格尊严、有血有肉的活生生的主体，不能看成简单的工作对象，就是不能损害或践踏了他们的人格尊严和权利。

(3) 严与爱有机结合。赞科夫说："不能把教师对儿童的爱，仅仅设想为用慈祥的、关注的态度对待他们，……教师对儿童的爱应当同合理的严格要求相结合。"热爱学生并不是要求教师放弃对学生批评教育。但是如何在教育过程中批评学生，又能体现教师对学生的爱呢？教师要对学生人格尊重，不侮辱学生的人格，不损伤学生的自尊，不伤害学生的情感，体现出对学生的真诚和希望，使学生认识到过错的不合理性，从而受到深刻的教育。所谓"严师出高徒"、"无规矩不成方圆"说的正是严与爱的教育效果的统一关系。高尔基说"谁爱孩子，孩子就爱他，只有爱孩子的人，他们才可以教育孩子。"有人把师爱说成是教育的桥梁，有人把师爱说成是照亮学生的蜡烛，是打开学生心灵的钥匙。教师对学生的热爱应该出于诚，传于神，言于情，止于理，应该无时不在，无处不渗透，"随风潜入夜，润物细无声"。教师应该学会把自己对学生的要求、期望夹带着一份无私的爱心合理、合适、适时地洒向学生，培养学生的自尊、自信、自强、自爱、自主、自立的心理品质，在教师的春风细雨中犹如一棵棵幼苗，在沐浴着阳光和雨露苗壮地成长。教师在处理师生关系时，首先应是源自教师对学生无私的爱。对于学生来说，教师的爱是一种奇妙而又崇高的力量，它能给予学生信心与动力，是沟通师生心灵的桥梁。当教师给学生以真挚的爱，学生才会对老师产生亲切与敬仰之情。教师要力求做到爱得得体，爱中有要求，爱中有希望，爱中有原则，正确把握好爱的艺术，做一个真正有爱的教师。

真诚

唐代诗人白居易说："感人之心者，莫乎于情。"这真实地道出了真挚情感的重要性。教师想与学生真诚地沟通，想了解学生的真实情感，就需要真诚地对待学生，让学生感到老师是真诚的，这样才能建立起互信关系，才能进行心灵的沟通，只有用真诚关爱才能使教育达到预期的效果。很多老教师有这样一种感触，就是在若干年后依然和自己保持联系的学生，究其原因，其实是教师的真诚打动了他们的心，让他们在以后的岁月里仍对教师怀有深深的感激之情。

(1) 用真实的灵魂感动学生。要让学生成为真正的"人"，教师首先要拥有真。教育学生不是演戏，决不能搞双重性格，要言行一致，使自己的品行在学生身上产生潜移默化的影响。在教育中，我们教师要用自己的行动去感染学生，用自己的语言去打动学生，以此使师生间产生心灵的共鸣。例如，我们在处理某些事情上出现误差时，事后应主动地告诉学生或作自我检讨。因为你这小小的行为亦能折射出自我灵魂的魅力，而且也能在学生的思想里留下烙印。这样，学生会感到教师就是他们的榜样。这就是教师所应有的真，教师只有拥有了这样的真才具有魅力，只有真的灵魂才能感动学生。

(2) 用规范的行为引领学生。学生渴望教师的爱，就像禾苗需要雨露阳光一样，学生只有感受到教师的善良和真诚，才乐于听从教师的教诲。要教好学生，仅有真实的灵魂是不够的，我们要明明白白地用行动表现出来，才会容易被学生体会到，使他们受到感染。工作中、生活中，我们教师的一举一动，点点滴滴无不影响着学生。然而，事实上以下的情况并不少见：我们让学生讲卫生，而我们自己却乱抛杂物；我们要求孩子们讲文明、有礼貌，而我们面对学生的问好却熟视无睹……这一切让我们感到教师似乎在"欺骗"学生。我们表现得不真实、不真诚，我们并没有将学生放在一个平等的位置，而又凌驾于学生之上。教师的确不要做圣人和神仙，但一定要做好一个人，那么自己的行为就应该规范，要求学生做到的，自己首先必须做到。

(3) 用真诚的语言感化学生。作为教师，语言是必不可少的。然而工作的关系，有时难免会对一些特殊的学生恶语相向。但作为一名合格的教师，我们的语言应该富有人情味、趣味,同时又要富有理性。因为这样的语言才能让学生愿意接受,达到教育的目的。教师对学生多说一些温暖的话,使其深深感到教师真诚的关爱,从而拉近师生的距离,才有利于学生人格的塑造。因此,作为教师,我们要净化我们的语言,让我们的话化作春风,变作雨露,成为明灯,滋润学生的心田,为学生指路。让我们所有的老师们放下包袱,从真诚做起,因为这是做好教师的根本。

欣赏

美国有位教育家说:"如果他是参天大树,你就让他成为祖国的栋梁;如果他是小草,你就让他装饰大地。"人的成长是在欣赏与鼓励中进行的,学生一旦得到教师的积极的暗示、肯定、赞赏,会更加奋发向上,更加追求成功,从而不断成长。欣赏是一种给予,一种包容,一种感悟,一种馨香,一种沟通与理解,一种信赖与祝福,一种策略,更是一种艺术。赏识教育专家周宏说:"赏识是人精神生命的阳光、空气和水须臾不可缺少的。"

(1) 以欣赏的态度对待世间万物,并且学会找到欣赏的理由。欣赏刮风、下雨、雷电、降雪、严寒等自然现象,欣赏阳光之灿烂、月光之皎洁、黑夜之神秘、黄昏之朦胧,欣赏天之蓝、地之绿、山之高、海之阔、溪之清……只要我们愿意欣赏,就总能找到欣赏的理由。

(2) 摒弃嫉妒和悲观厌世的心理。心胸狭窄的人,心存嫉妒,越是美好的东西他越嫉妒,越厌恶,盲目排外。这是一种消极的不良心理。清朝大诗人纳兰性德,可谓才高八斗,学富五车。但他就是以怨夏悲秋的心态对待世事,结果积怨成疾,才活了三十岁,就英年早逝,多么可惜呀! 所以摒弃嫉妒和悲观厌世的心理,才有利于健康,才能延年益寿。也只有摒弃了嫉妒和悲观厌世的心理,才能学会欣赏。

(3) 学会对学生的欣赏。学生是我们教育的对象,也是我们服务的对象。教师只有欣赏他们,才会用心去爱他们;也只有爱他们,才会去保护他们的个性特长,促进学生的全面发展。我们可以欣赏他们惊人的记忆力,欣赏他们学习先进,欣赏他们品质优秀。特别是要欣赏所谓的"差生"，我们完全有理由欣赏他们爱好体育、爱好音乐、爱好美术、热爱劳动、尊敬师长、团结同学、助人为乐等优秀品质。把他们当成是最宝贵的"财富"，我们还会嫌弃他们吗？绝对不会。而且还会发现他们的每一个闪光点，时时、处处激励他们不断完善，不断进步。

(4) 学会对同行的欣赏。"三人行，必有我师"。在教育的同行中，不乏我们的楷模，我们的榜样。我们可以欣赏他人的体态美、服饰美、仪表美、品质美；欣赏他人渊博的知识，敏捷的思维，善辩的口才，杰出的才华，精湛的艺术，完美的人格，丰富的爱心，奉献的精神。我们还可以欣赏他人出色的书法，流利的普通话，出众的交际才能，驾驭他人的领导艺术等等。学会欣赏，定会使我们收益多多。

参考文献

[1]赵诗安等主编:《现代教育理念》,江西高校出版社2007年出版。

[2]李亚男主编:《教师的人格修炼》,东北师范大学出版社2010年出版。

[3]支德银编著:《现代教学理念及经典运用》,东北师范大学出版社2010年出版。

[4]王晶等编著:《教师必须具备的十大美德》,东北师范大学出版社2010年出版。

[5]李慕南主编:《优秀教师的职业信条》,辽海出版社2011年出版。

[6]李慕南主编:《教师的境界》,辽海出版社2011年出版。

[7]李慕南主编:《教师职业倦怠与应对》,辽海出版社2011年出版。

[8]李慕南主编:《做一个最受学生欢迎的老师》,辽海出版社2011年出版。

[9]王向阳主编:《做成功教师的50招》,东北师范大学出版社2010年出版。

[10]李佑俊著:《教师研究力修炼》,东北师范大学出版社2010年出版。

[11]刘素梅主编:《教师礼仪修养》,东北师范大学出版社2010年出版。

[12]李荣兰主编:《教师学会人际交往的重要性》,东北师范大学出版社2010年出版。

[13]邵清艳主编：《教师健康生活指南》，东北师范大学出版社2010年出版。

[14]耿书丽主编：《班主任能力修养》，东北师范大学出版社2010年出版。

[15]侯毅主编：《班主任形象与素养》，东北师范大学出版社2010年出版。

[16]吴志樵主编：《学校领导者素质修炼》，辽海出版社2011年出版。

[17]学校管理工作领导小组主编：《校长管理创新与策略》，辽海出版社2011年出版。

[18]竭宝峰主编：《校长的高绩效领导》，辽海出版社2011年出版。

[19]胡英江等主编：《校长德育实践指南》，东北师范大学出版社2010年出版。

[20]衣奎伟著：《校长治学艺术修炼》，东北师范大学出版社2010年出版。